SUNFLOWERS CROSS STITCH PATTERNS

KELLIE STAFFORD

TABLE OF CONTENTS

GNOME

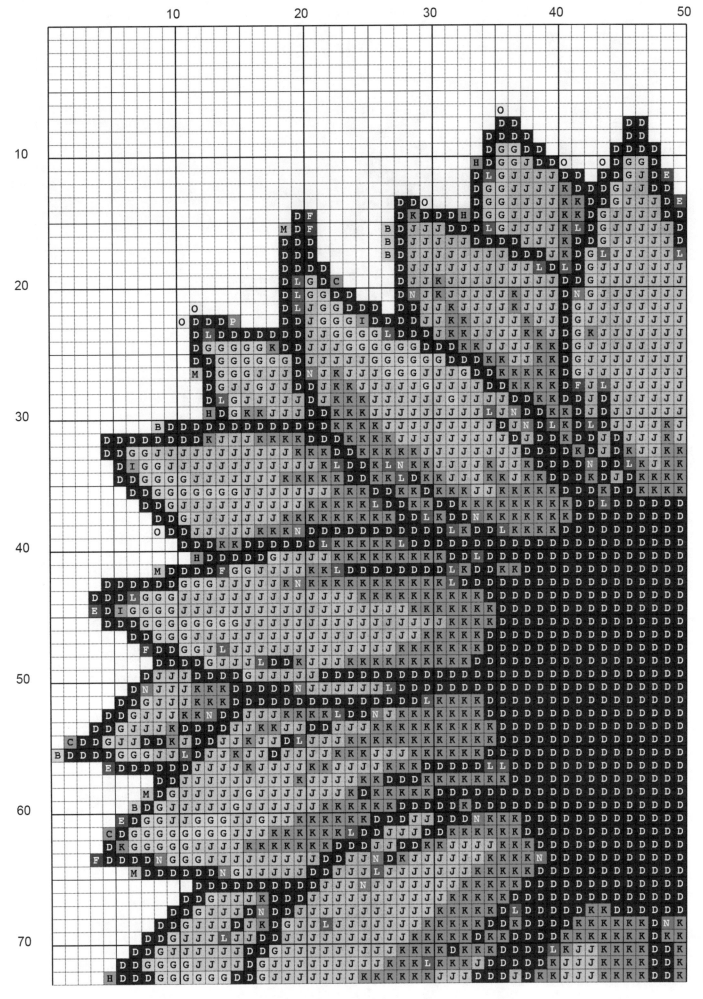

5

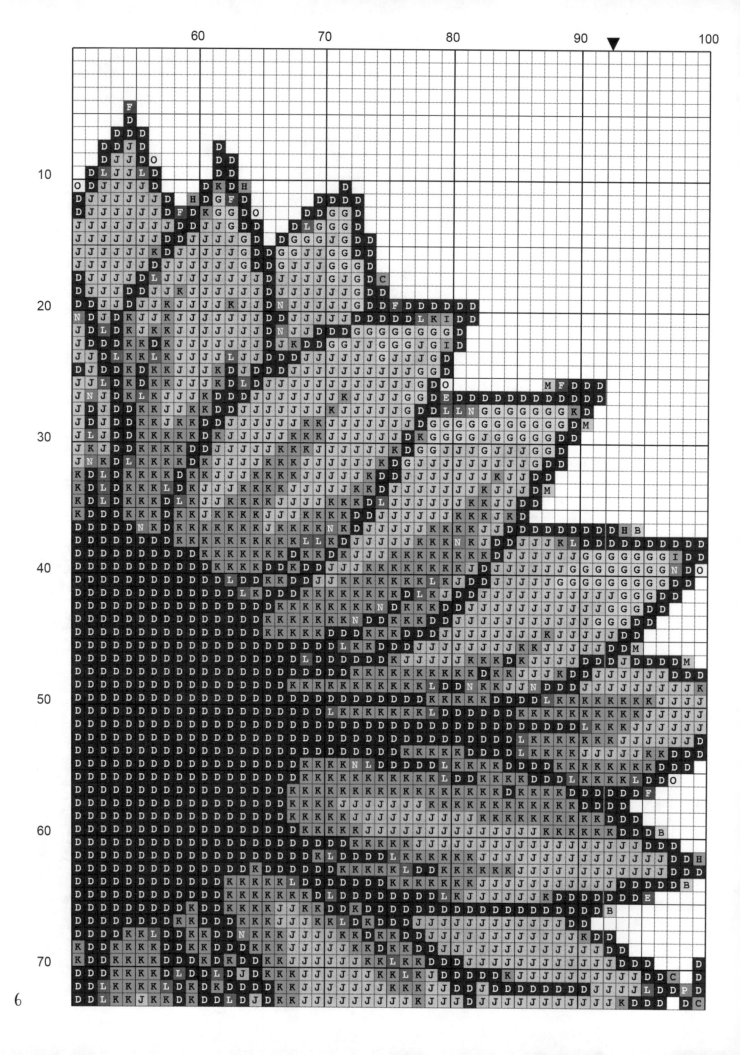

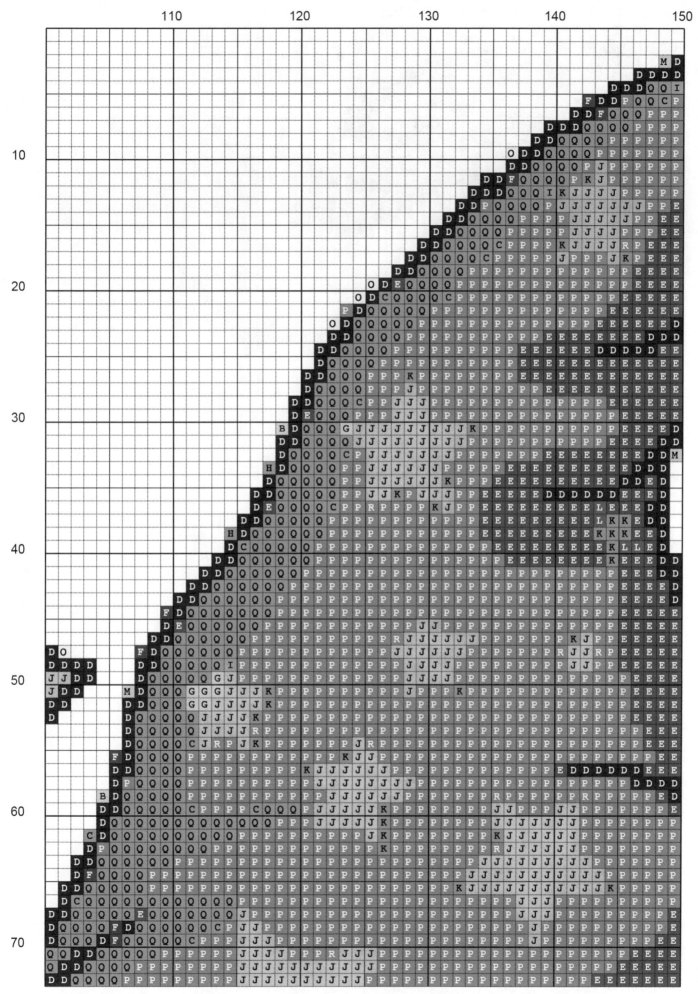

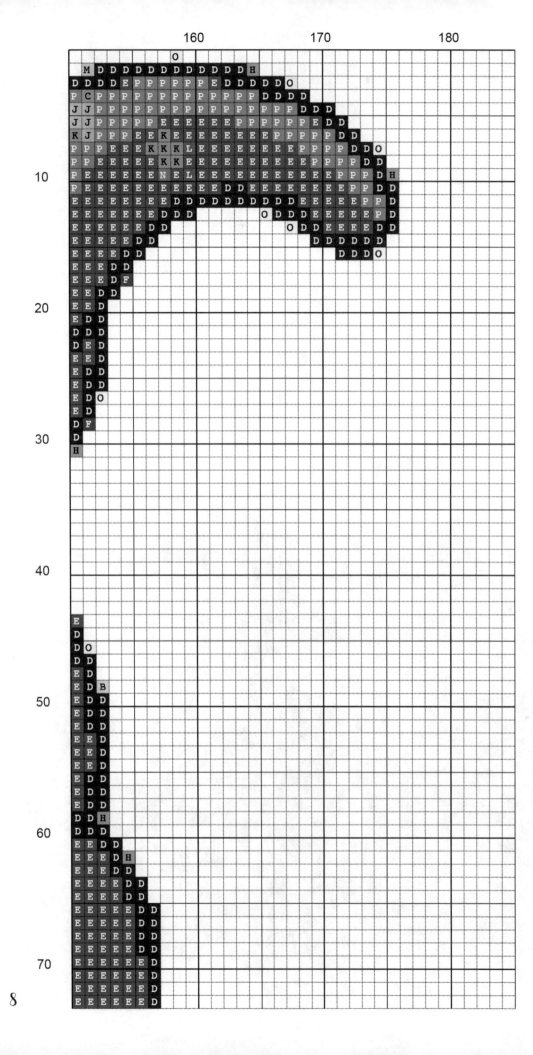

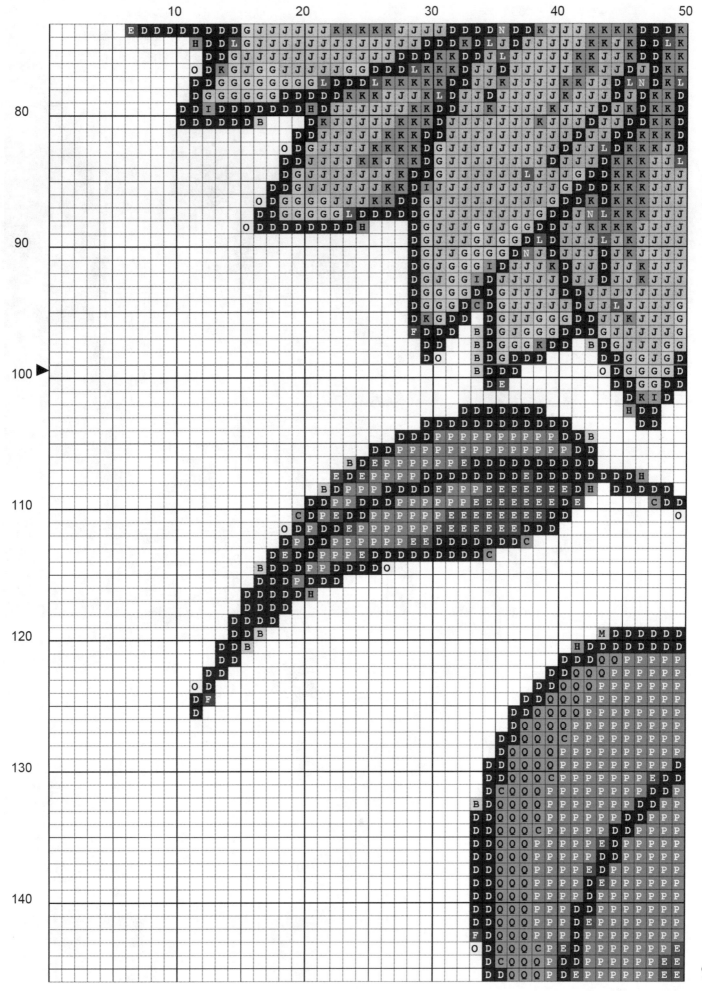

9

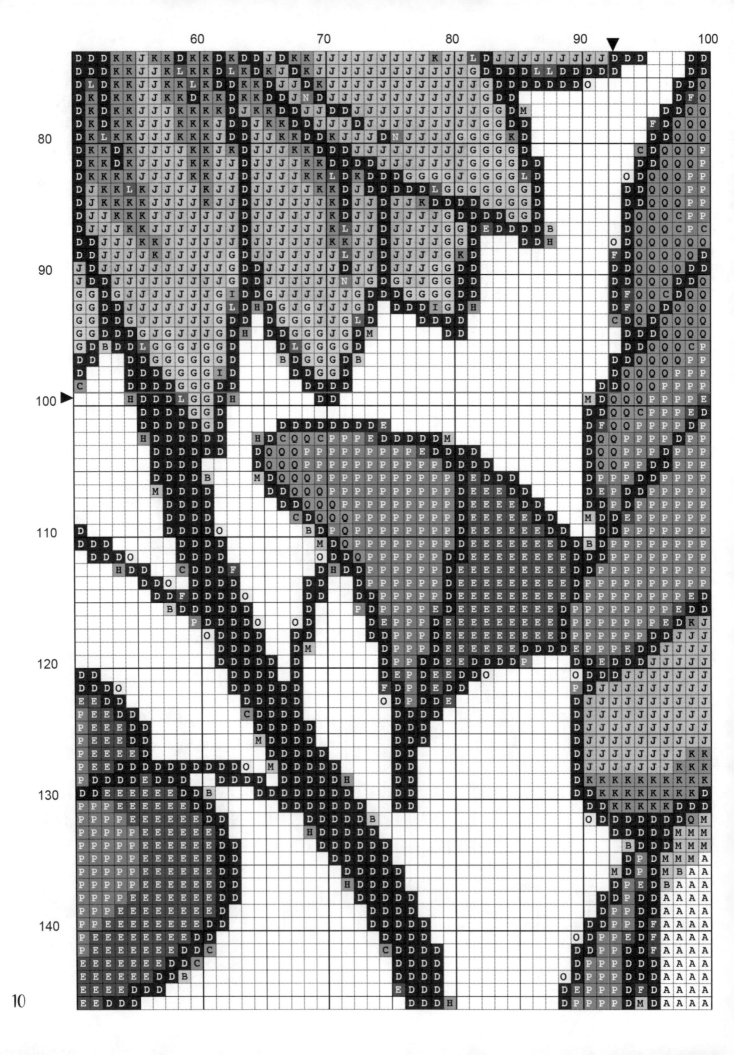

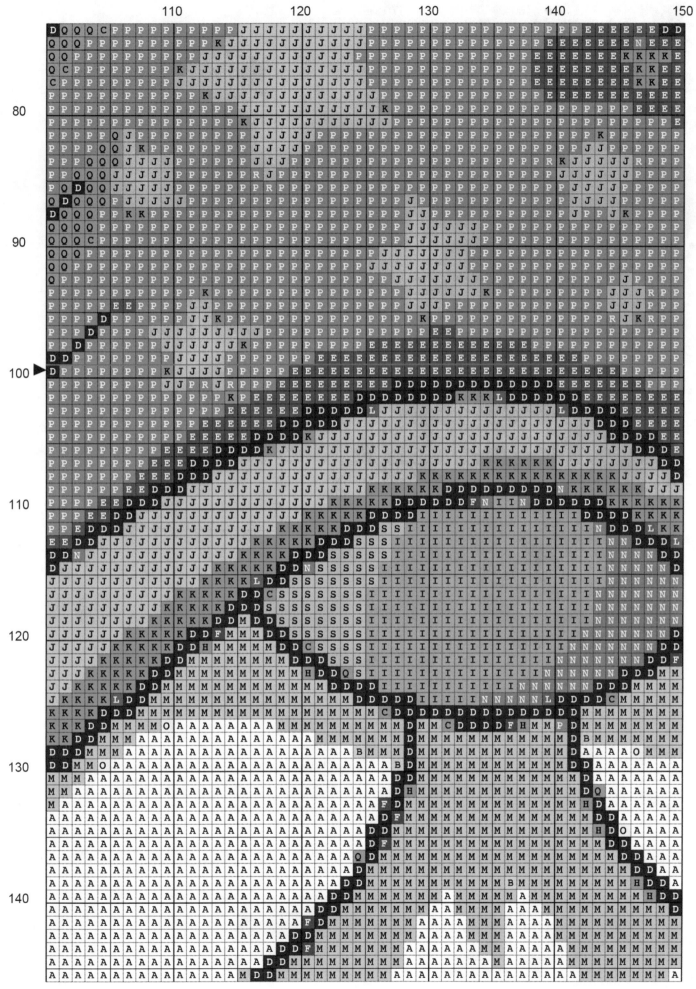

11

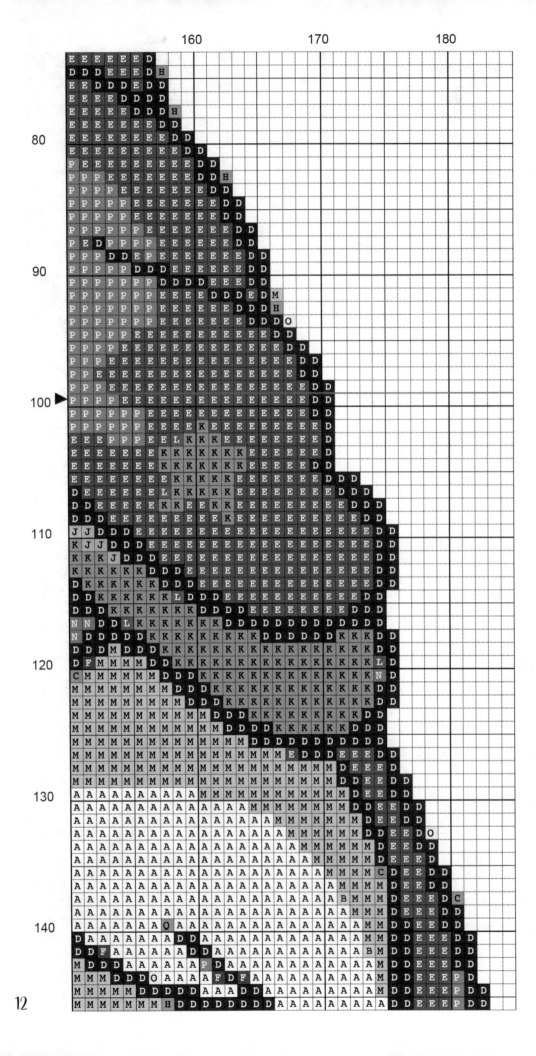

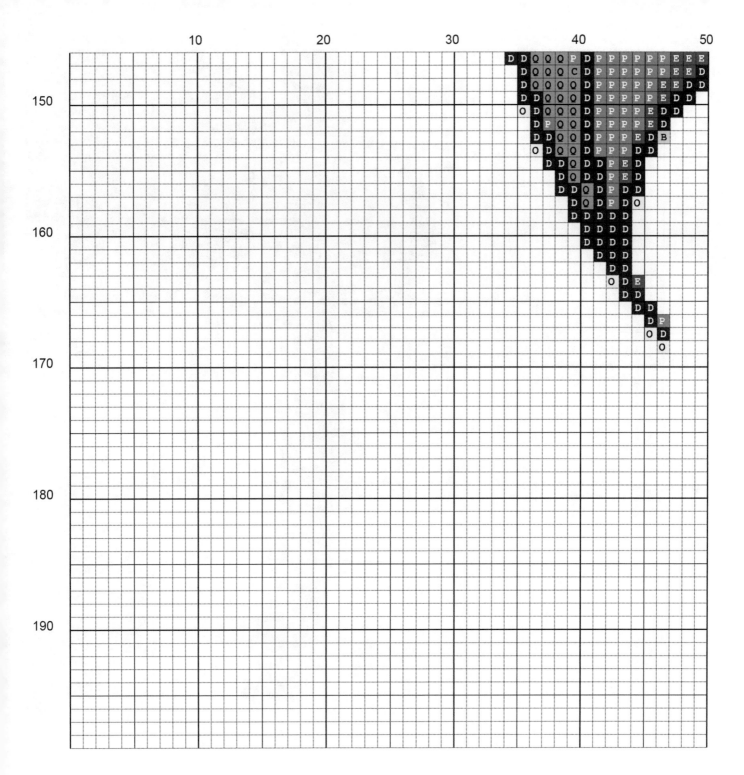

13

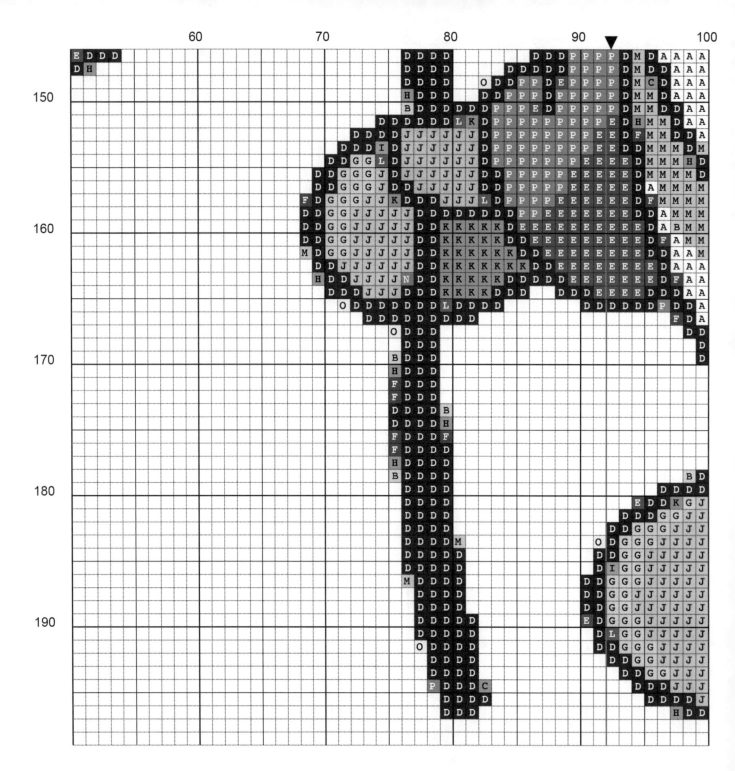

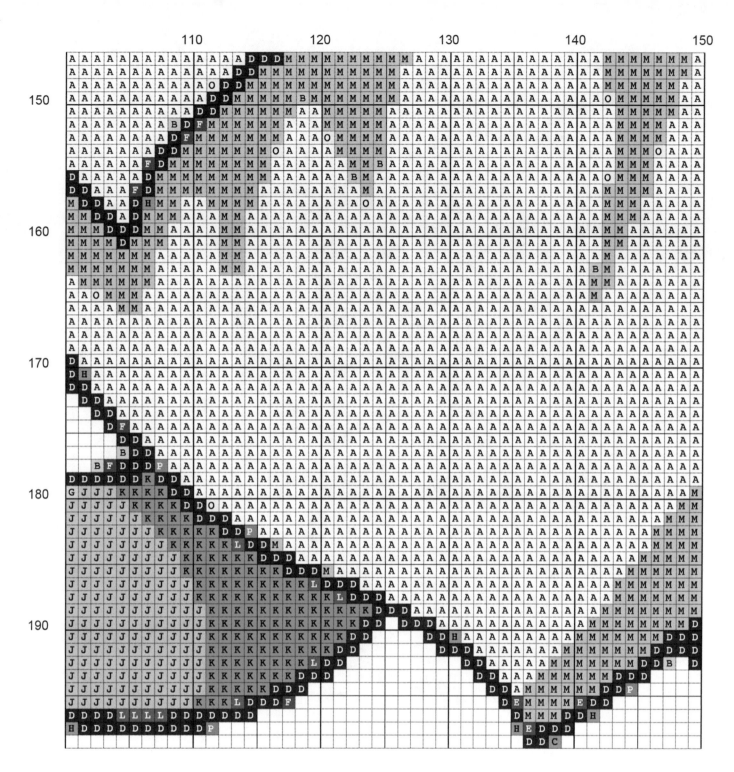

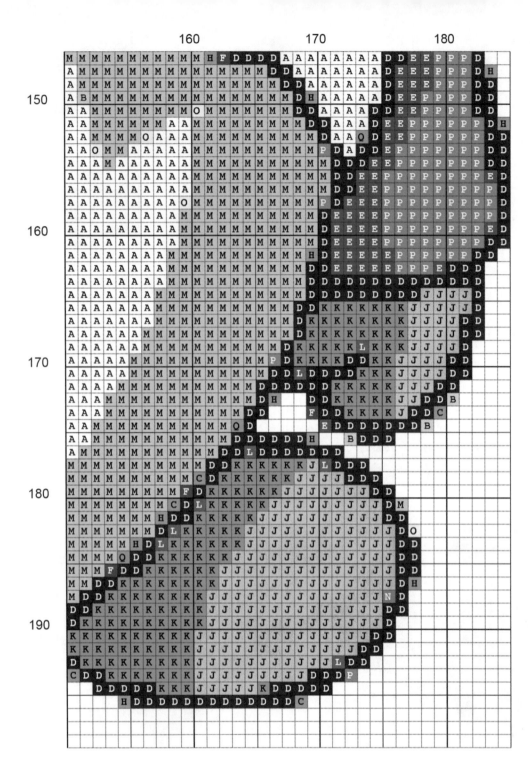

	Number	Name	Length	Stitches	
A	DMC BLANC	White	53.41 yd.	2716	
B	DMC 10	Very Light Tender Gr	1.28 yd.	65	
C	DMC 989	Forest Green	1.42 yd.	72	
D	DMC 3371	Black Brown	99.36 yd.	5052	
E	DMC 937	Avocado Green medi	32.82 yd.	1669	
F	DMC 3787	Brown Grey dark	1.46 yd.	74	
G	DMC 726	Topaz light	11.31 yd.	575	
H	DMC 648	Beaver Grey light	1.51 yd.	77	
I	DMC 3827	Golden Brown pale	4.94 yd.	251	
J	DMC 444	Lemon dark	70.68 yd.	3594	
K	DMC 3852	Straw very dark	39.12 yd.	1989	
L	DMC 580	Moss Green dark	3.68 yd.	187	
M	DMC 5	Light Driftwood	30.29 yd.	1540	
N	DMC 832	Golden Olive	2.65 yd.	135	
O	DMC 3756	Baby Blue ultra	1.73 yd.	88	
P	DMC 988	Forest Green mediu	64.55 yd.	3282	
Q	DMC 523	Fern Green light	12.25 yd.	623	
R	DMC 3347	Yellow Green mediu	0.43 yd.	22	
S	DMC 19	Medium Light Autum	1.14 yd.	58	

14 ct 185 x 199 Stitches (13.2 x 14.2 in.)
18 ct 185 x 199 Stitches (10.3 x 11.1 in.)
32 ct 185 x 199 Stitches (5.8 x 6.2 in.)

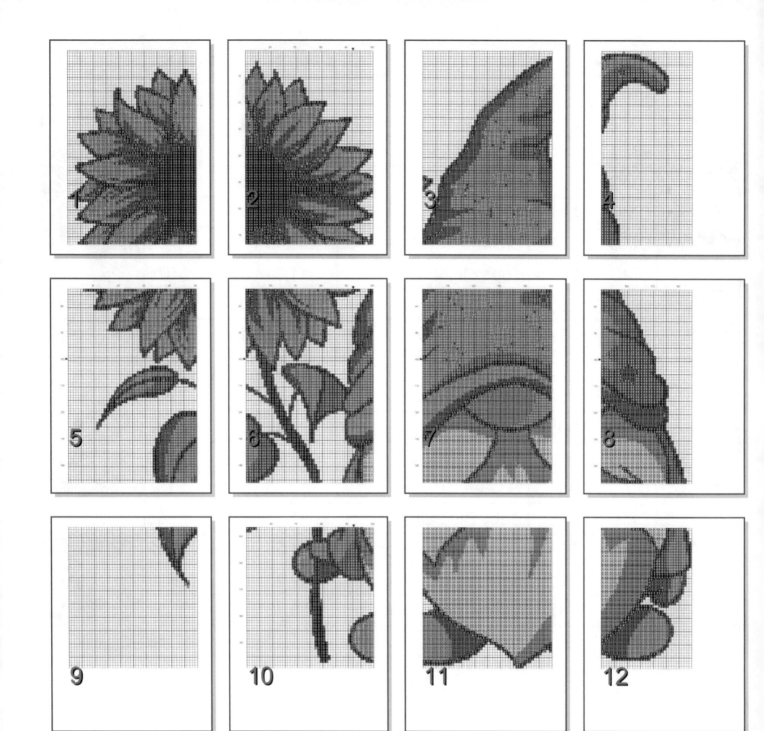

BLOOM

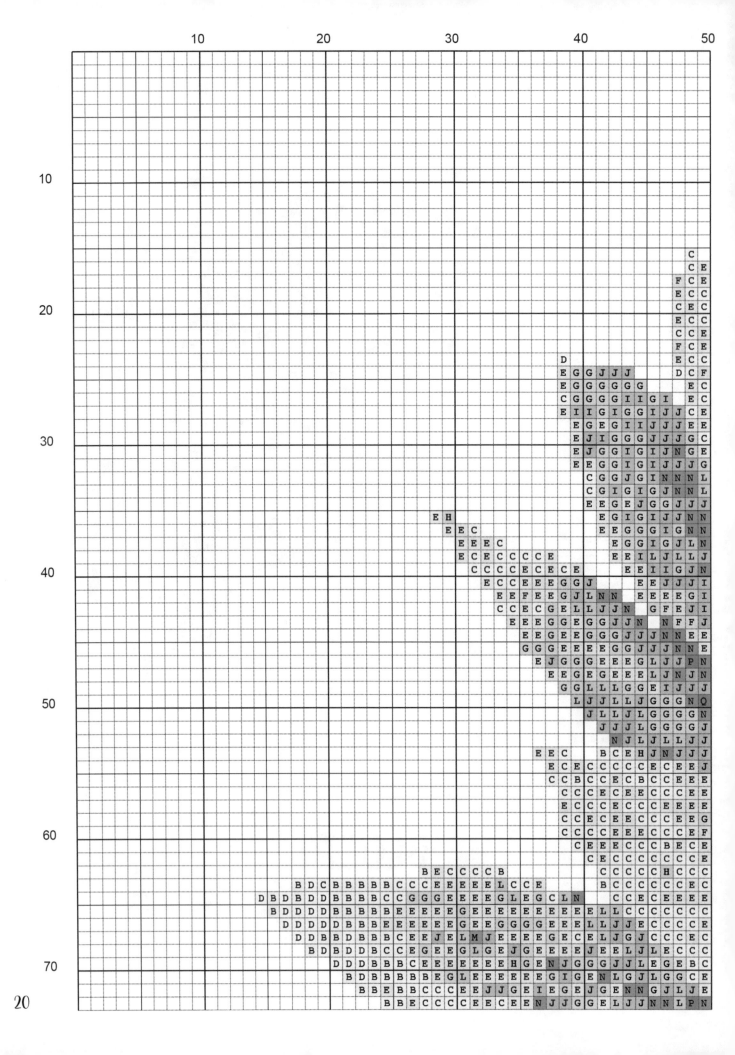

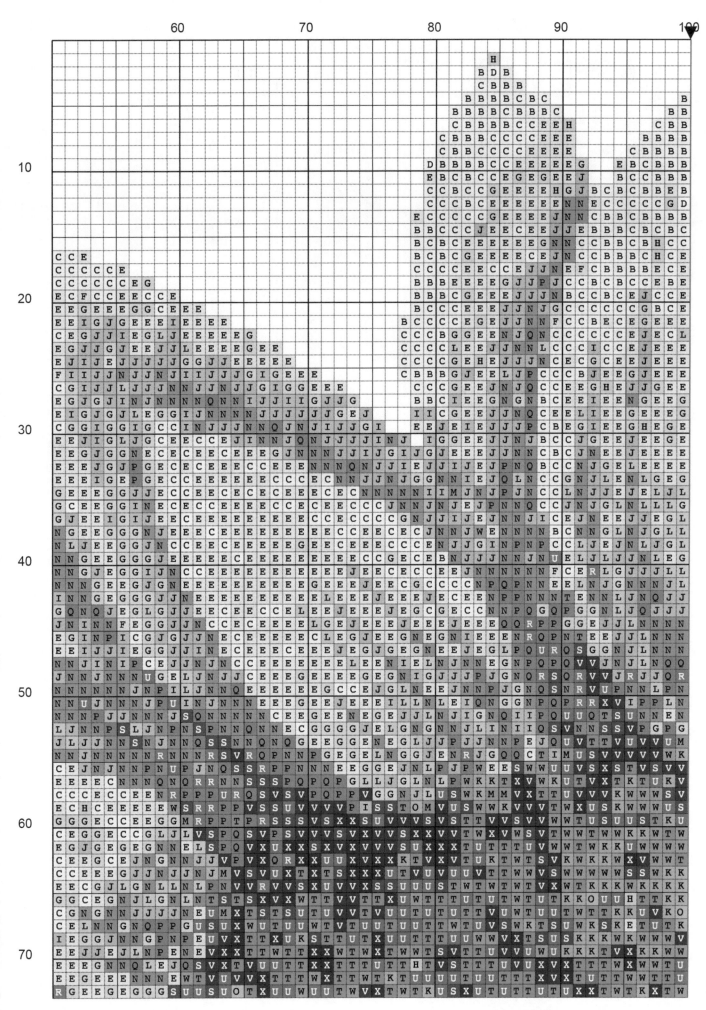

21

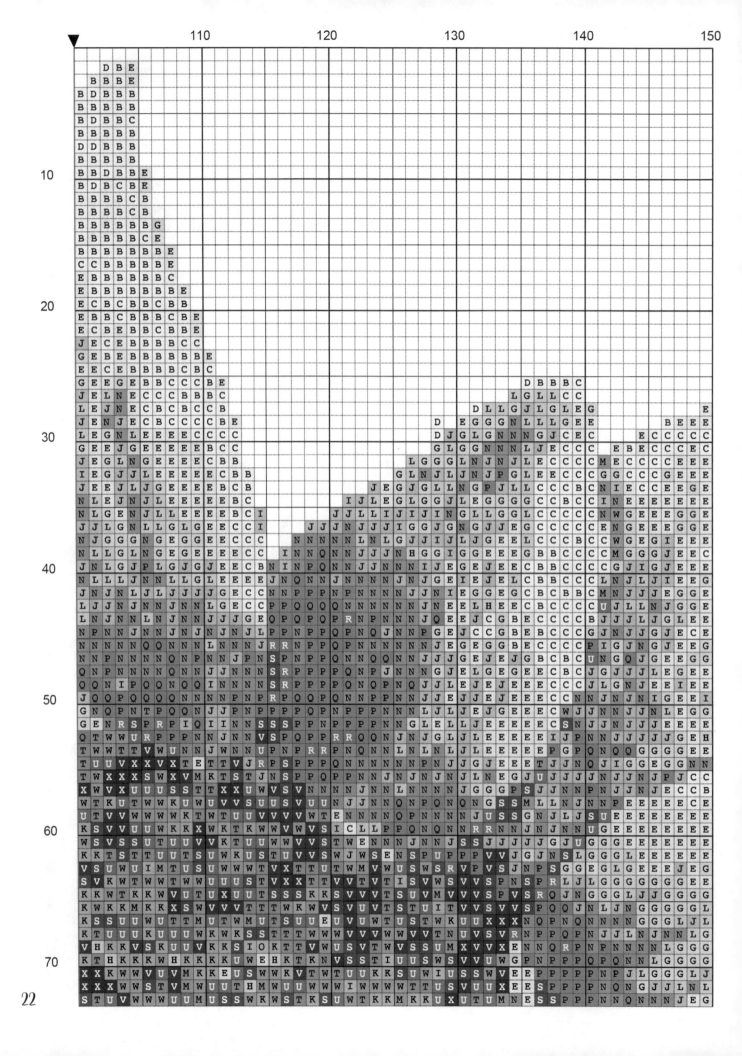

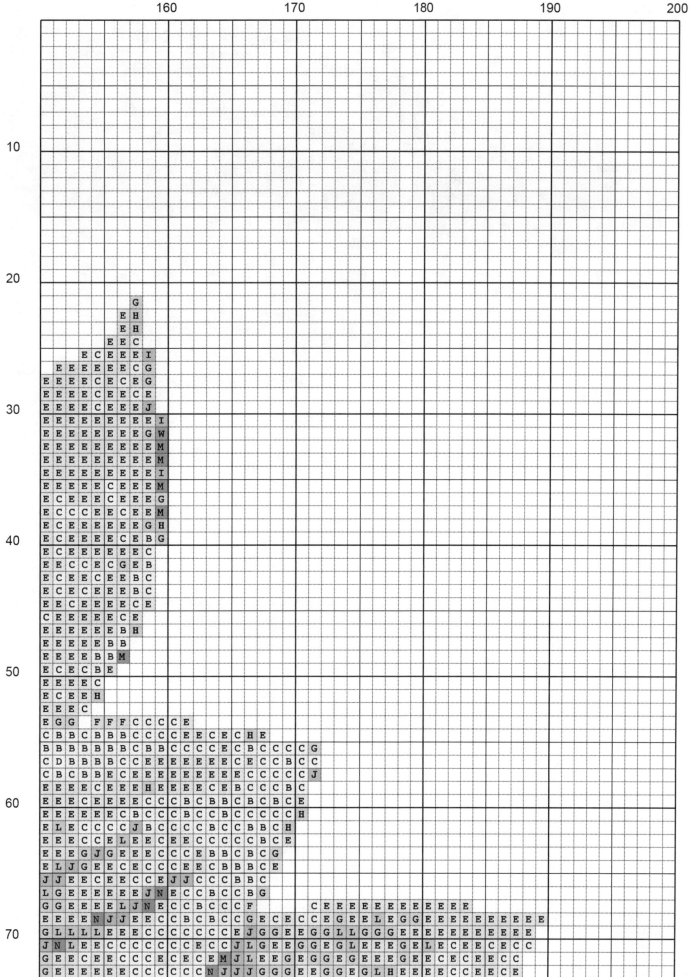

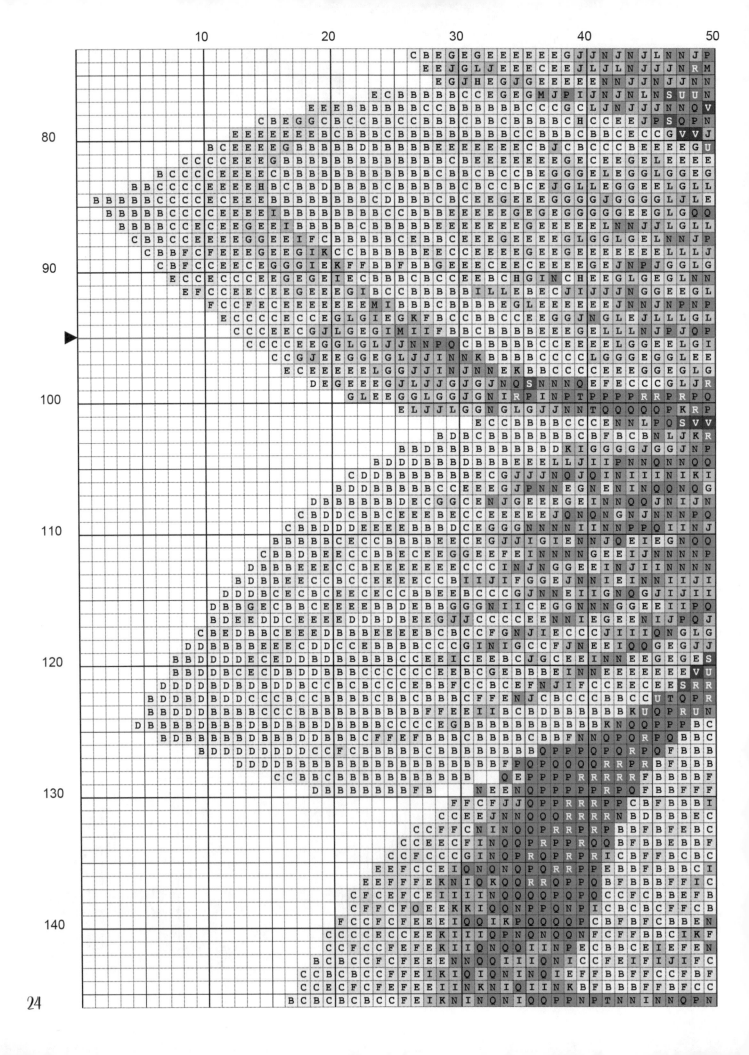

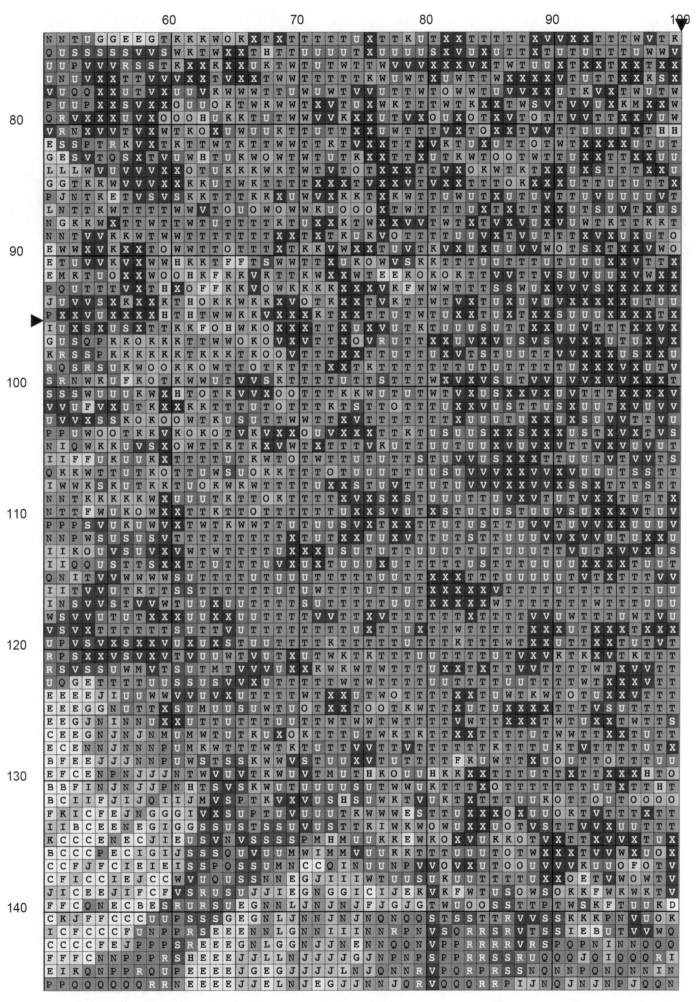

25

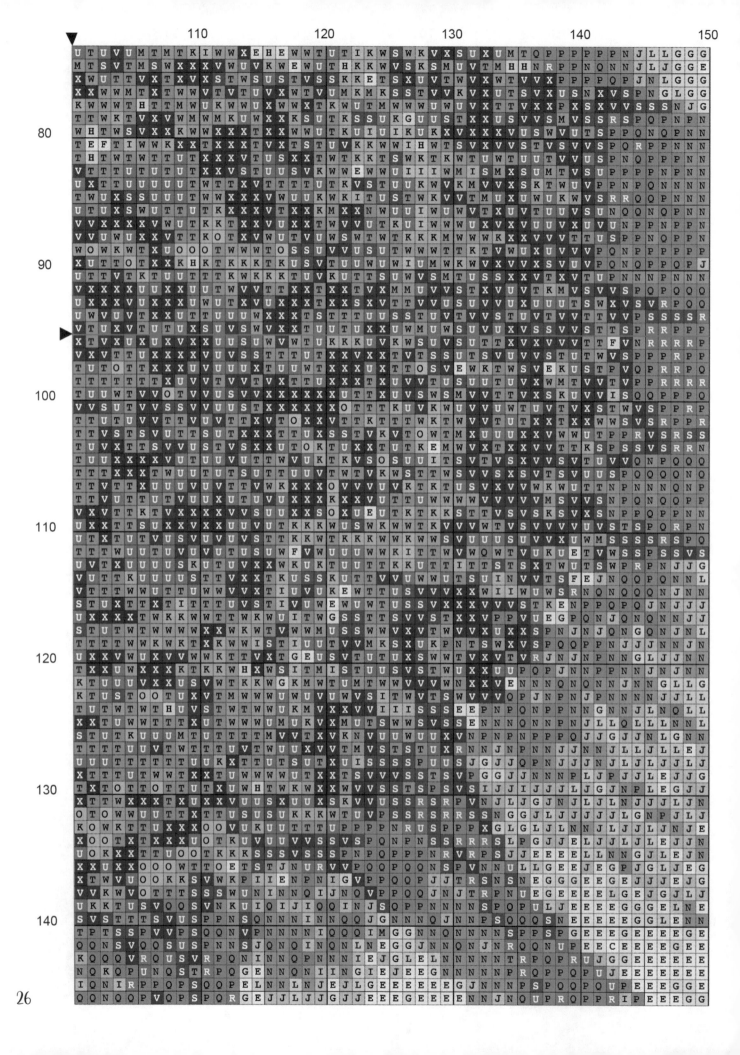

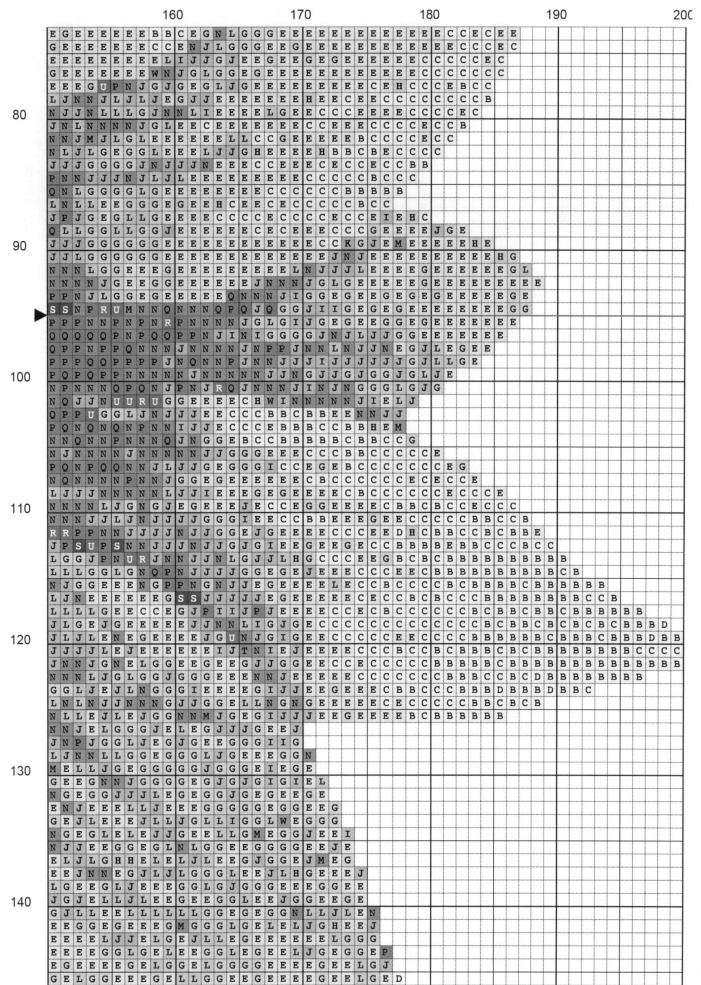

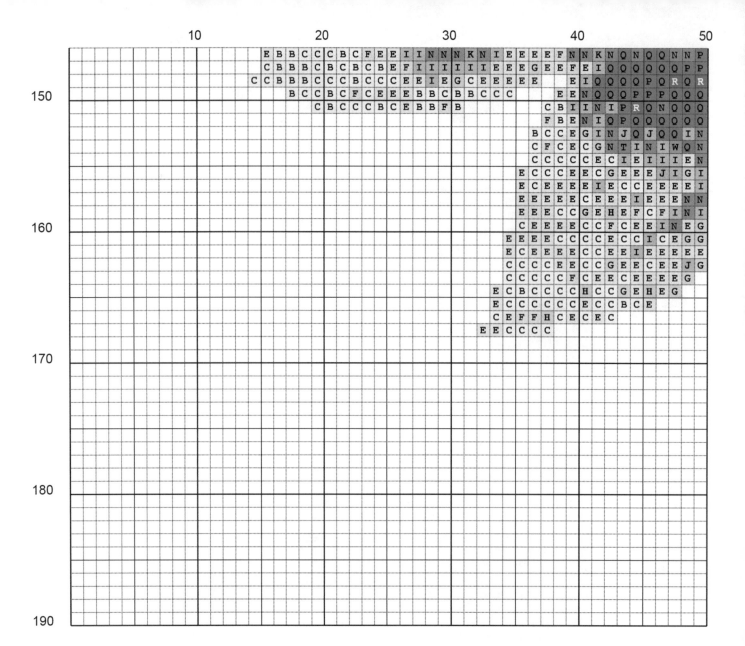

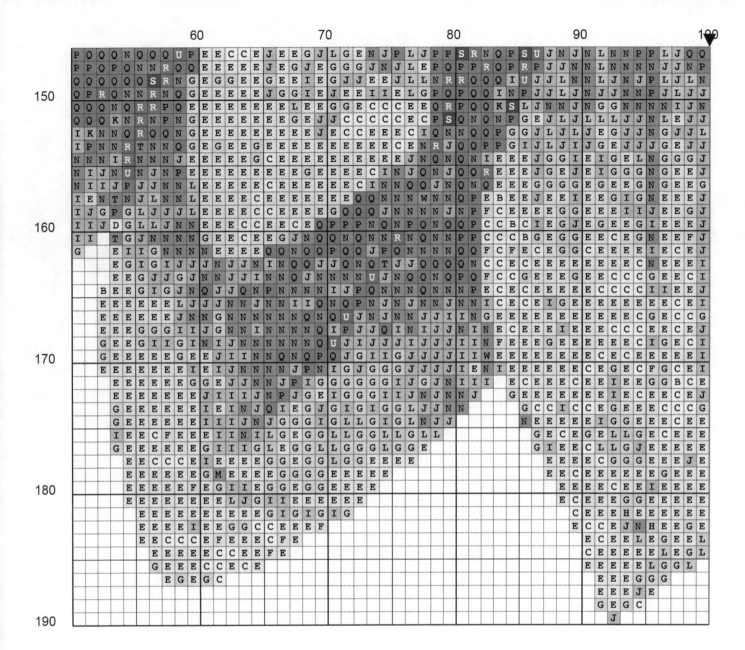

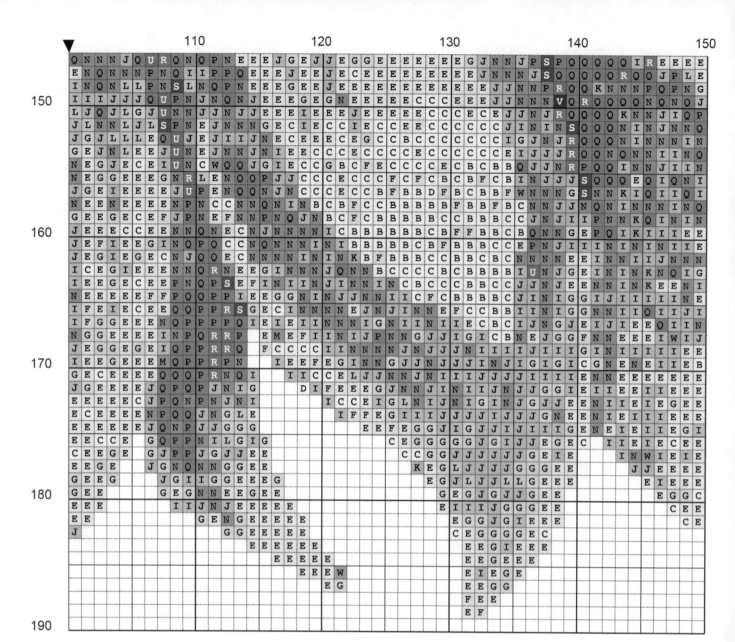

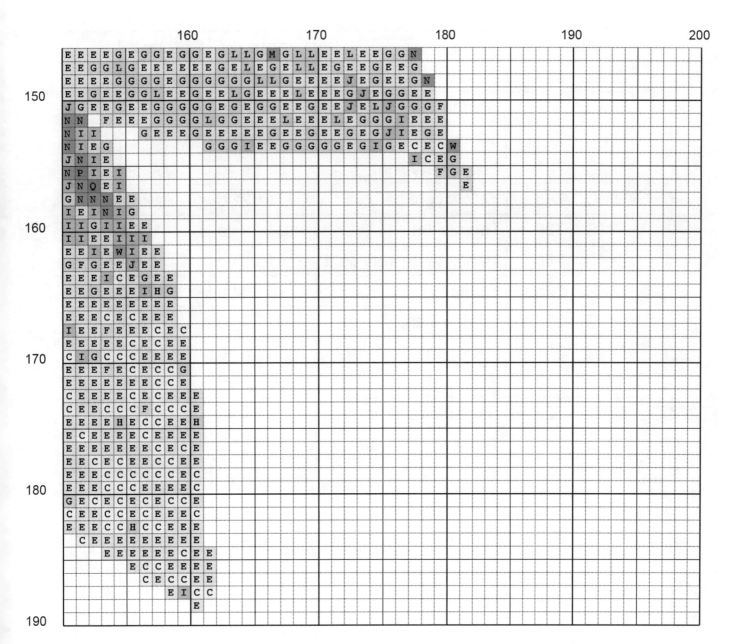

	Number		Name	Length	Stitches	
B	DMC	3823	Yellow ultra pale	25.45 yd.	1294	
C	DMC	3078	Golden Yellow very lt	39.14 yd.	1990	
D	DMC	746	Off White	2.89 yd.	147	
E	DMC	727	Topaz very light	83.66 yd.	4254	
F	DMC	745	Yellow light pale	4.62 yd.	235	
G	DMC	726	Topaz light	34.28 yd.	1743	
H	DMC	165	Moss Green very light	1.91 yd.	97	
I	DMC	725	Topaz	16.36 yd.	832	
J	DMC	728	Golden Yellow	31.94 yd.	1624	
K	DMC	3856	Mahogany ultra very	10.90 yd.	554	
L	DMC	743	Yellow medium	13.18 yd.	670	
M	DMC	729	Old Gold medium	2.24 yd.	114	
N	DMC	741	Tangerine medium	38.17 yd.	1941	
O	DMC	945	Tawny medium	3.15 yd.	160	
P	DMC	740	Tangerine (971)	14.75 yd.	750	
Q	DMC	970	Pumpkin light	14.59 yd.	742	
R	DMC	720	Orange Spice dark	4.62 yd.	235	
S	DMC	919	Red Copper	13.33 yd.	678	
T	DMC	436	Tan	33.43 yd.	1700	
U	DMC	435	Brown very light	23.05 yd.	1172	
V	DMC	300	Mahogany very dark	18.68 yd.	950	
W	DMC	422	Hazel Nut Brown ligh	13.26 yd.	674	
X	DMC	898	Coffee Brown very da	17.96 yd.	913	

14 ct 199 x 189 Stitches (14.2 x 13.5 in.)
18 ct 199 x 189 Stitches (11.1 x 10.5 in.)
32 ct 199 x 189 Stitches (6.2 x 5.9 in.)

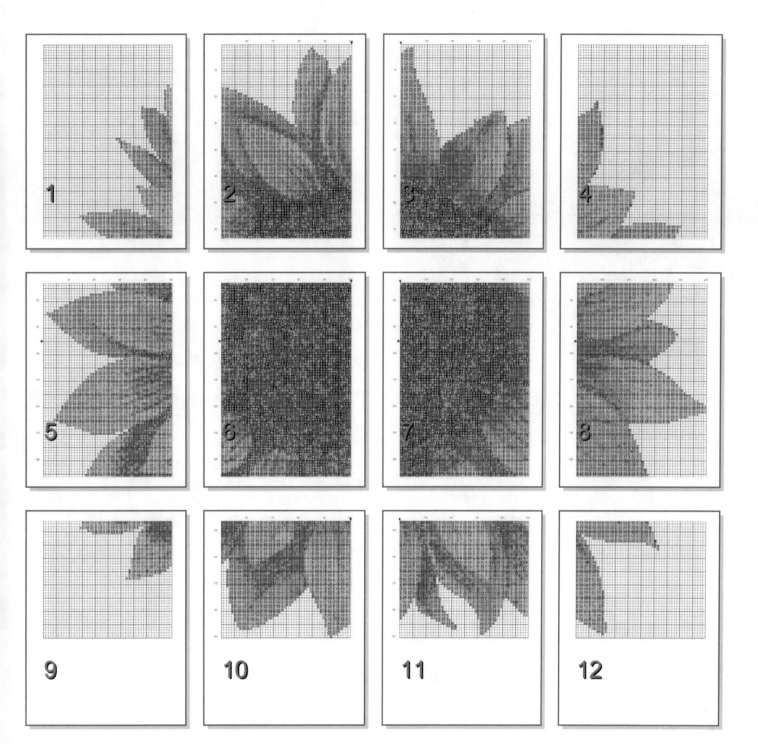

33

BICYCLE

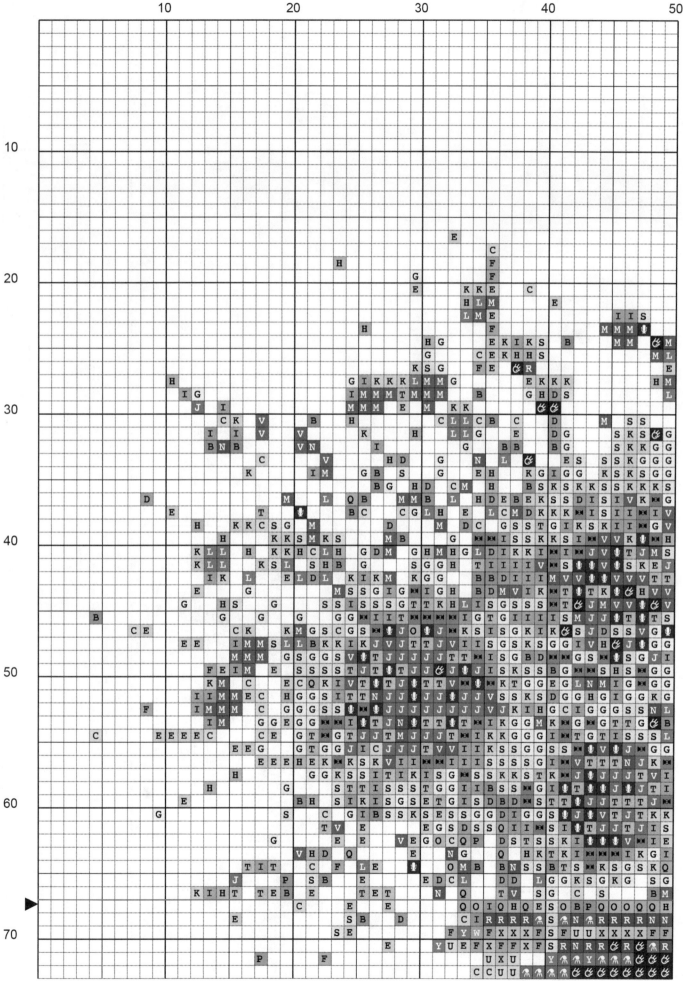

35

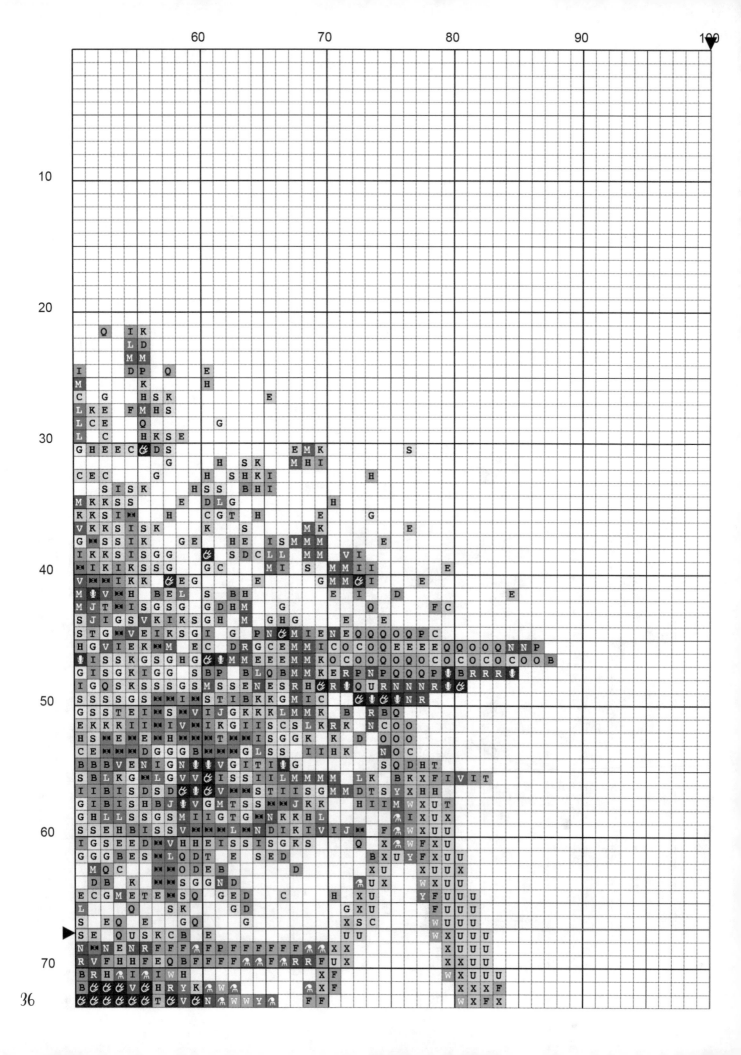

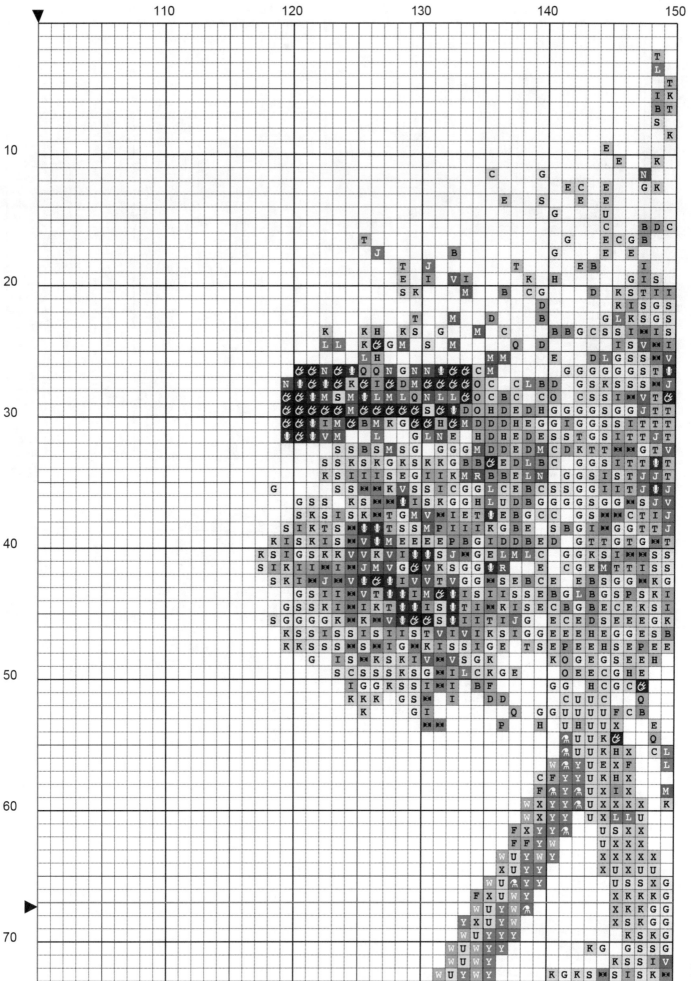

37

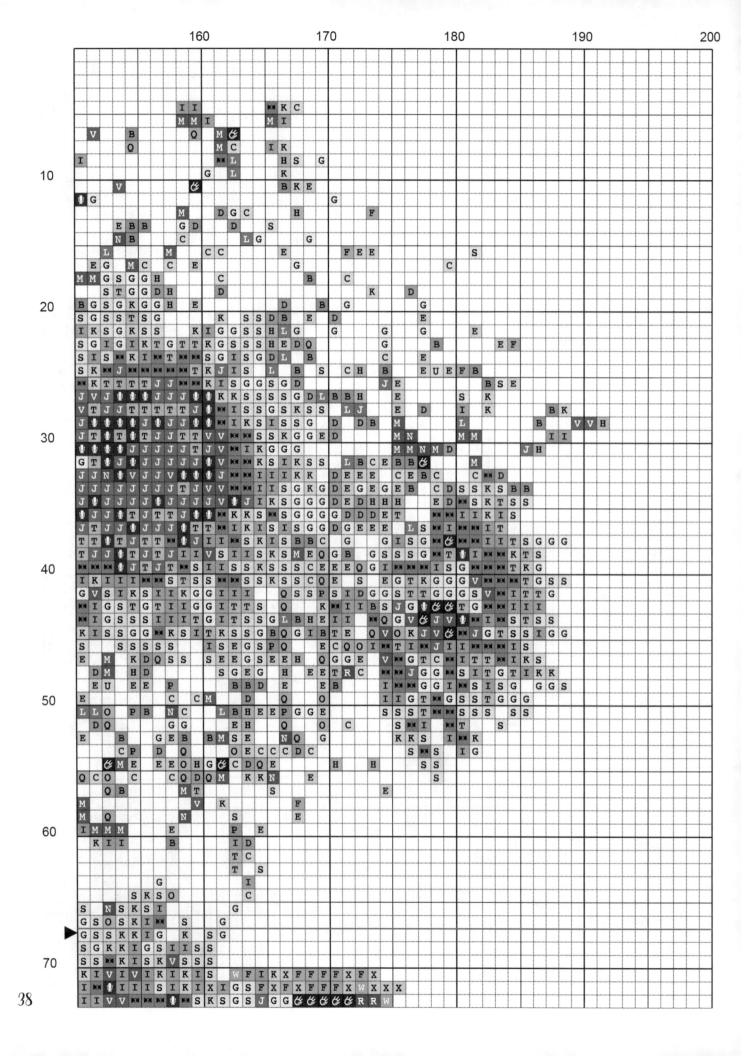

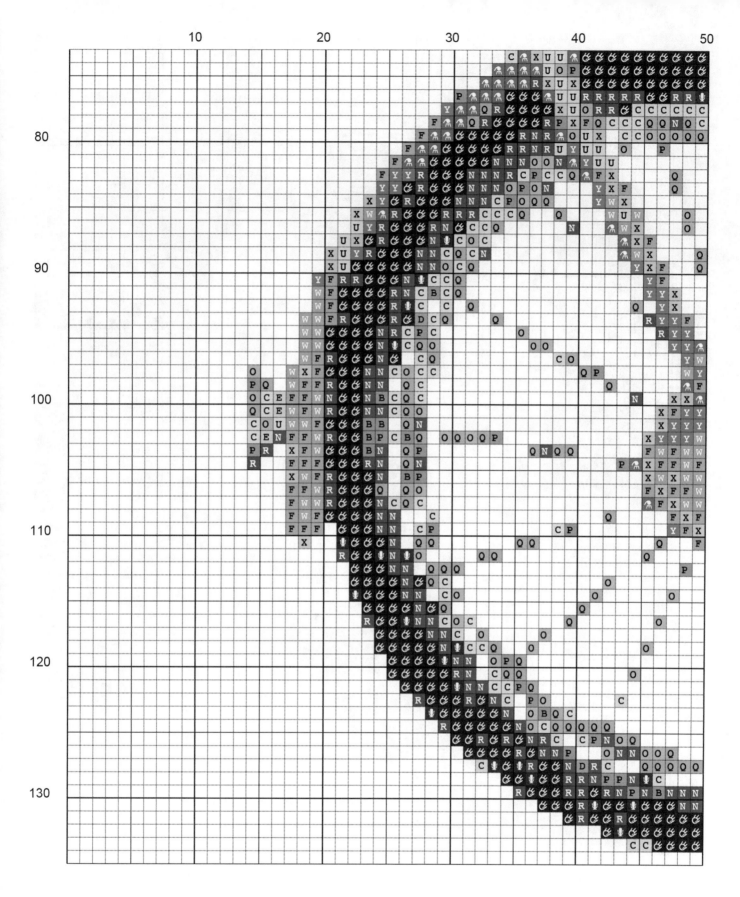

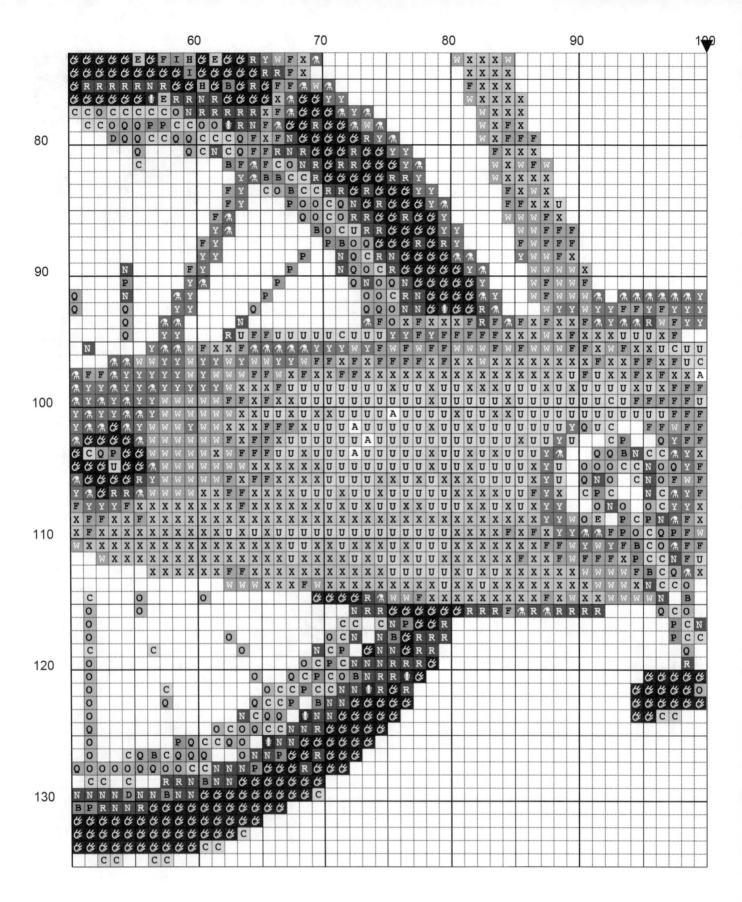

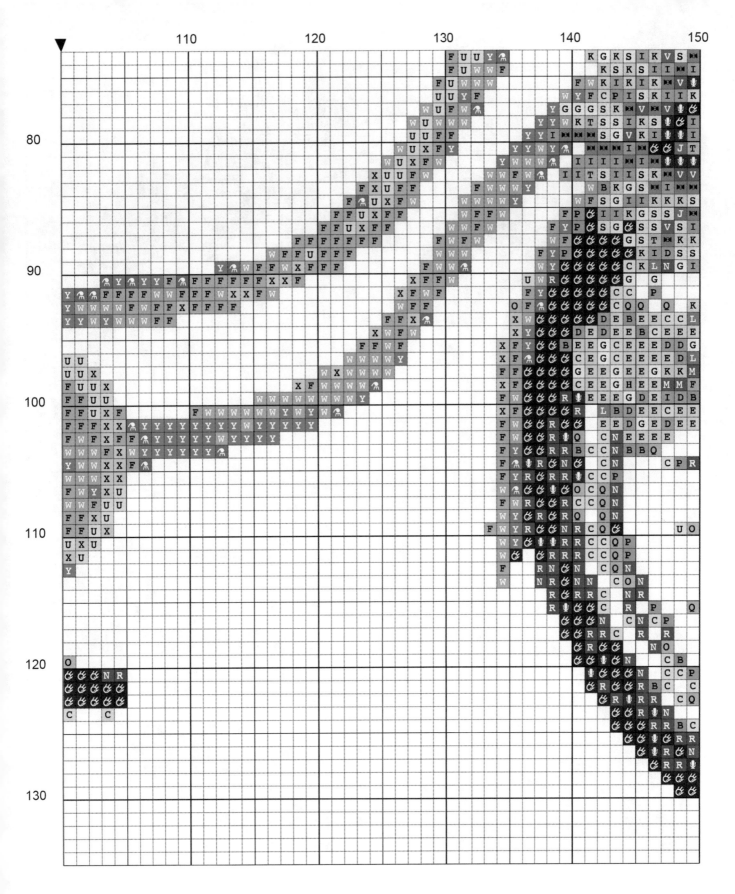

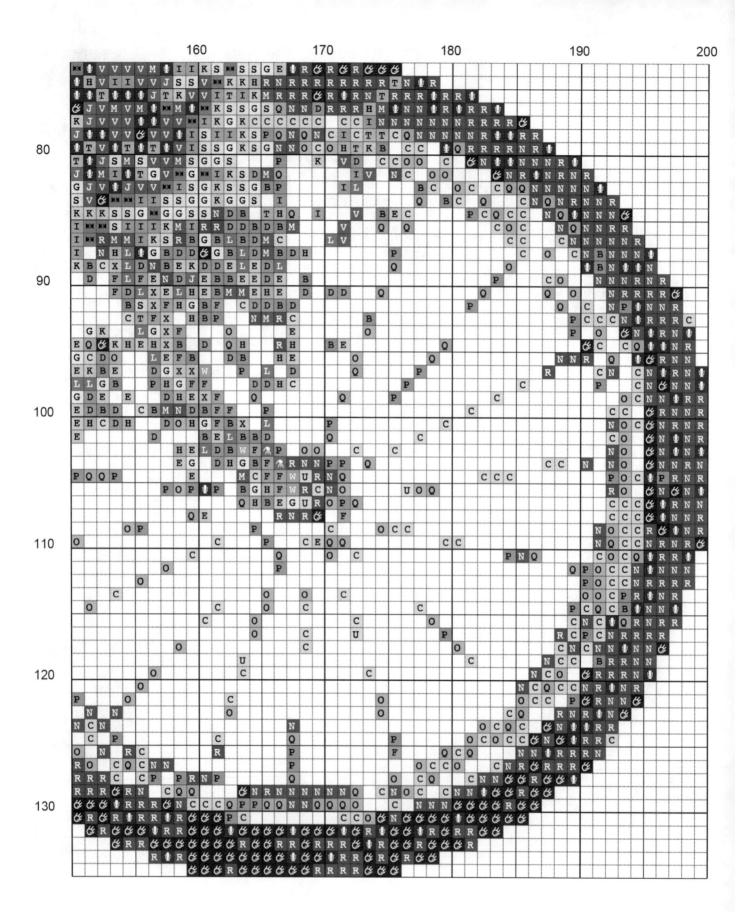

	Number	Name	Length	Stitches	
A	DMC BLANC	White	0.10 yd.	5	
B	DMC 989	Forest Green	4.54 yd.	231	
C	DMC 27	White Violet	10.36 yd.	527	
D	DMC 471	Avocado Green very l	3.58 yd.	182	
E	DMC 13	Medium Light Nile Gr	7.04 yd.	358	
F	DMC 3766	Peacock Blue light	8.81 yd.	448	
G	DMC 3078	Golden Yellow very lt	10.91 yd.	555	
H	DMC 16	Light Chartreuse	3.13 yd.	159	
I	DMC 742	Tangerine light	9.18 yd.	467	
J	DMC 435	Brown very light	3.64 yd.	185	
K	DMC 726	Topaz light	7.49 yd.	381	
L	DMC 470	Avocado Green light	2.34 yd.	119	
M	DMC 469	Avocado Green	3.78 yd.	192	
N	DMC 317	Pewter Grey	8.34 yd.	424	
O	DMC 928	Grey Green very light	4.62 yd.	235	
P	DMC 927	Grey Green light	2.89 yd.	147	
Q	DMC 3813	Blue Green light	5.76 yd.	293	
R	DMC 501	Blue Green dark	8.34 yd.	424	
S	DMC 727	Topaz very light	12.13 yd.	617	
T	DMC 3821	Straw	4.74 yd.	241	
U	DMC 747	Sky Blue very light	7.47 yd.	380	
V	DMC 3826	Golden Brown	3.26 yd.	166	
W	DMC 996	Electric Blue medium	6.71 yd.	341	
X	DMC 964	Sea Green light	10.68 yd.	543	
Y	DMC 995	Electric Blue dark	5.01 yd.	255	
♀	DMC 898	Coffee Brown very da	5.62 yd.	286	
ℰ	DMC 3371	Black Brown	17.86 yd.	908	
⋈	DMC 740	Tangerine (971)	5.66 yd.	288	
♈	DMC 517	Wedgewood dark	3.52 yd.	179	

14 ct 196 x 133 Stitches (14.0 x 9.5 in.)
18 ct 196 x 133 Stitches (10.9 x 7.4 in.)
32 ct 196 x 133 Stitches (6.1 x 4.2 in.)

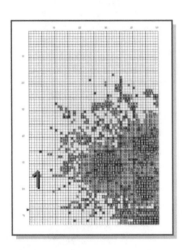
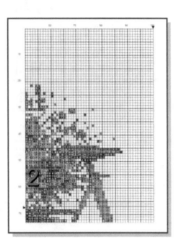
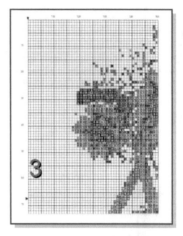
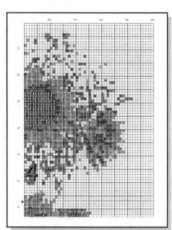

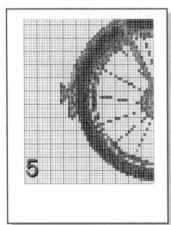
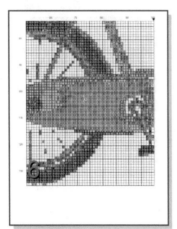
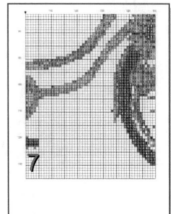
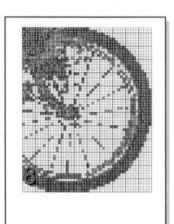

TRUCK

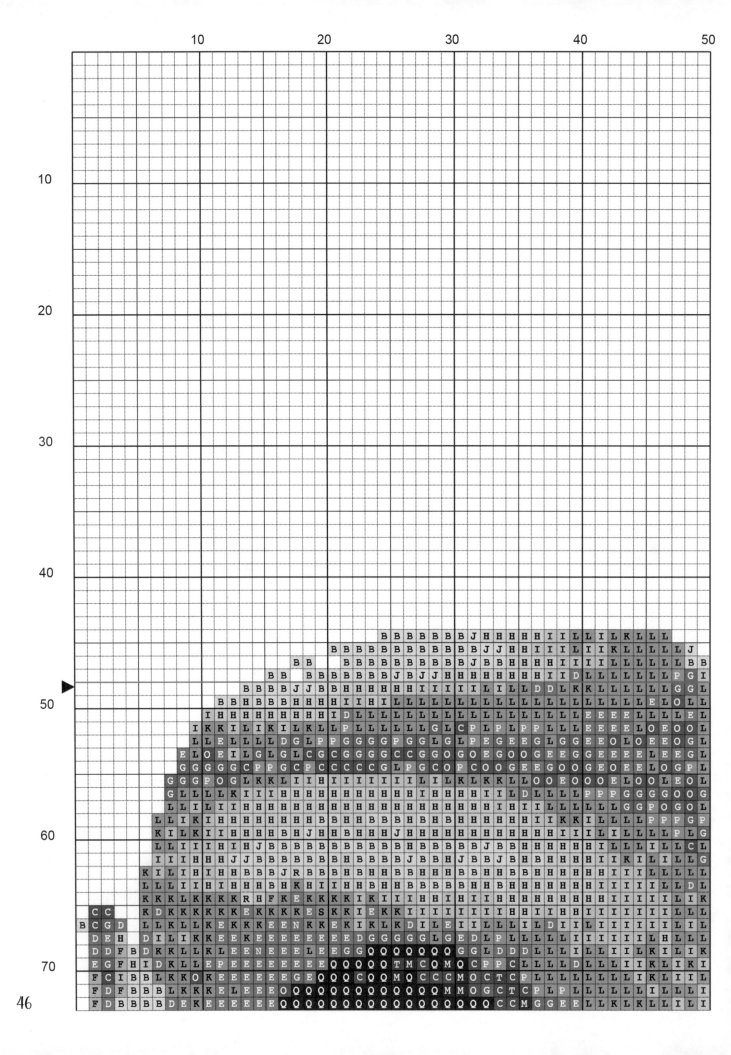

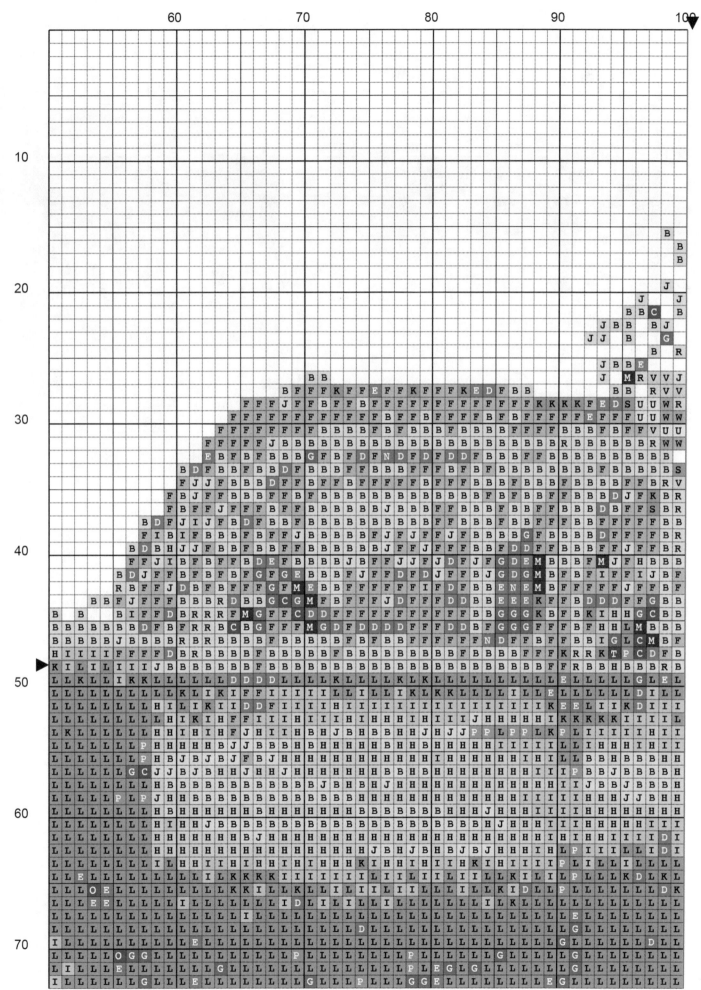

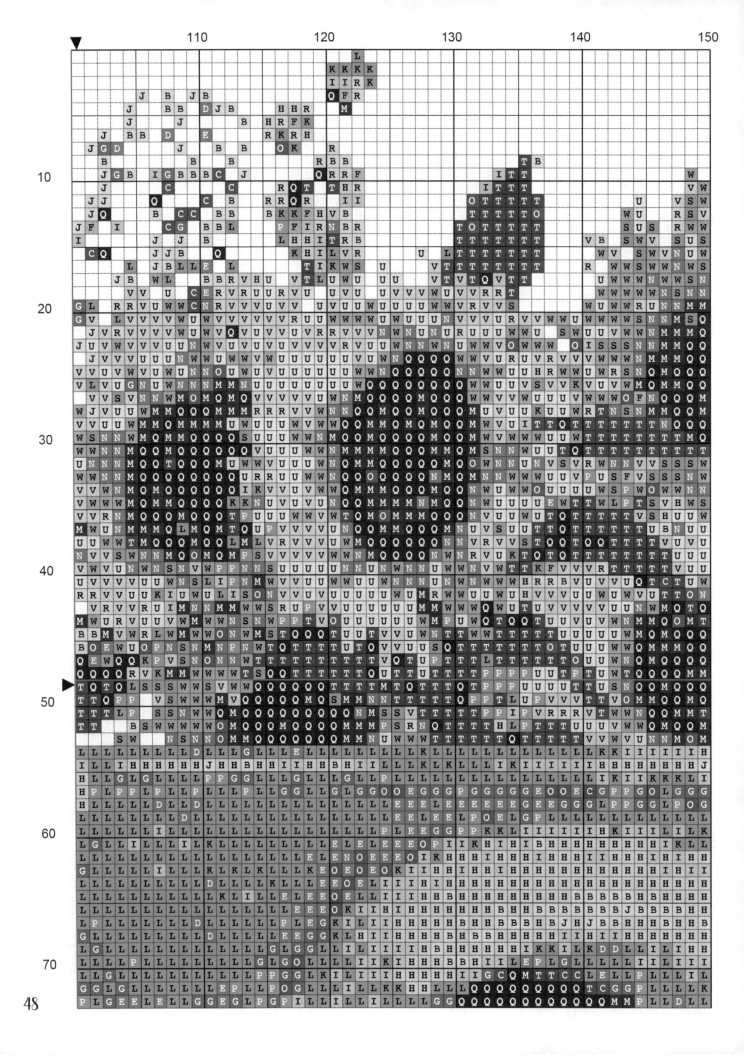

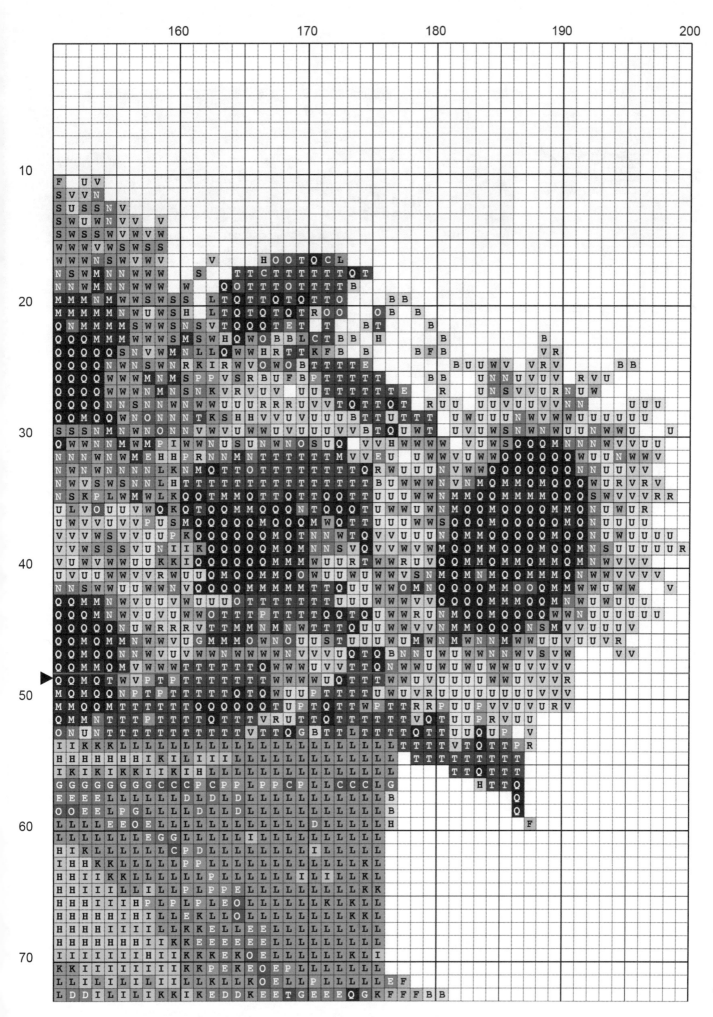

49

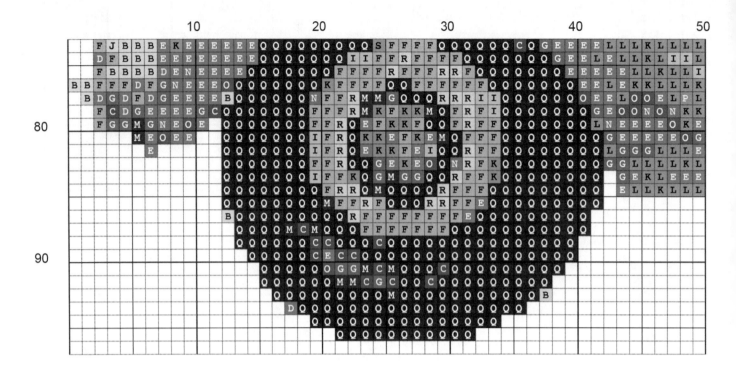

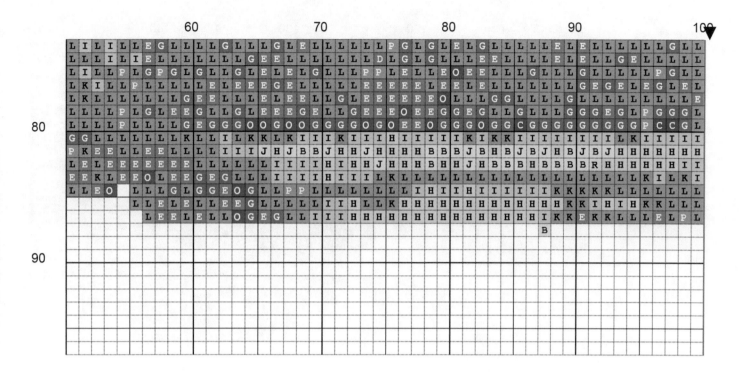

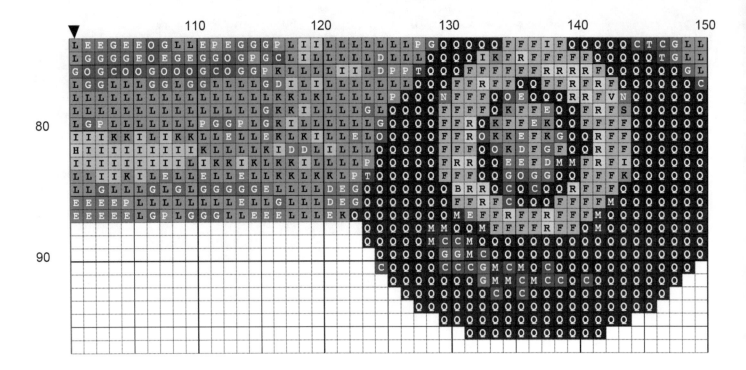

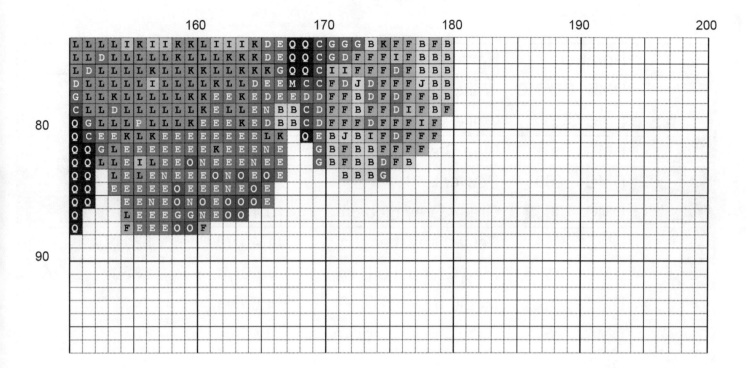

	Number	Name	Length	Stitches	
	DMC BLANC	White	-		
B	DMC 27	White Violet	15.89 yd.	808	
C	DMC 501	Blue Green dark	2.34 yd.	119	
D	DMC 169	Pewter light	3.05 yd.	155	
E	DMC 3052	Green Grey medium	10.19 yd.	518	
F	DMC 644	Beige Grey medium	11.43 yd.	581	
G	DMC 3363	Pine Green medium	7.59 yd.	386	
H	DMC 13	Medium Light Nile Gr	14.65 yd.	745	
I	DMC 966	Baby Green medium	13.45 yd.	684	
J	DMC 747	Sky Blue very light	2.87 yd.	146	
K	DMC 523	Fern Green light	7.22 yd.	367	
L	DMC 3053	Green Grey	41.81 yd.	2126	
M	DMC 3857	Rosewood dark	6.88 yd.	350	
N	DMC 782	Topaz dark (781)	5.84 yd.	297	
O	DMC 3011	Khaki Green dark	3.46 yd.	176	
P	DMC 906	Parrot Green medium	3.89 yd.	198	
Q	DMC 3371	Black Brown	27.02 yd.	1374	
R	DMC 11	Light Tender Green	3.70 yd.	188	
S	DMC 729	Old Gold medium	2.56 yd.	130	
T	DMC 3345	Hunter Green dark	9.85 yd.	501	
U	DMC 307	Lemon	9.73 yd.	495	
V	DMC 3822	Straw light	7.53 yd.	383	
W	DMC 3820	Straw dark	9.18 yd.	467	

14 ct 200 x 96 Stitches (14.3 x 6.9 in.)
18 ct 200 x 96 Stitches (11.1 x 5.3 in.)
32 ct 200 x 96 Stitches (6.2 x 3.0 in.)

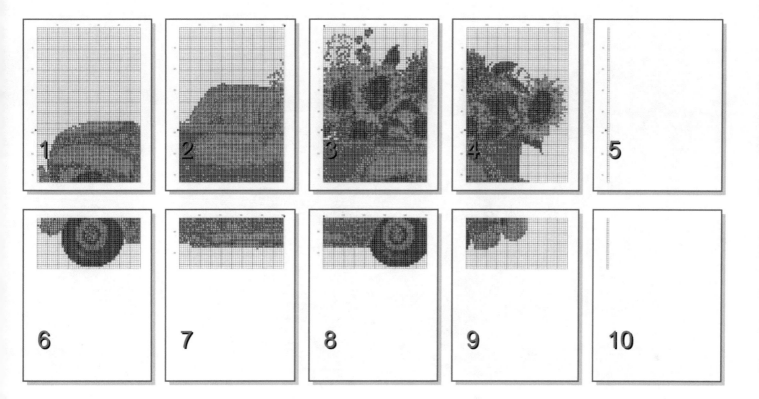

BOUQUET

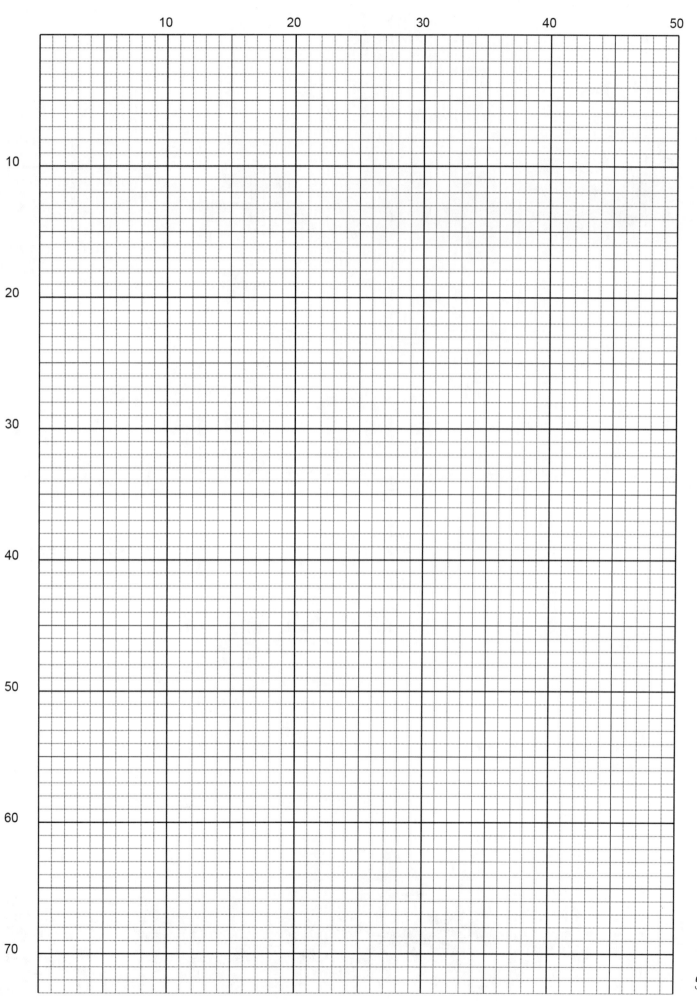

57

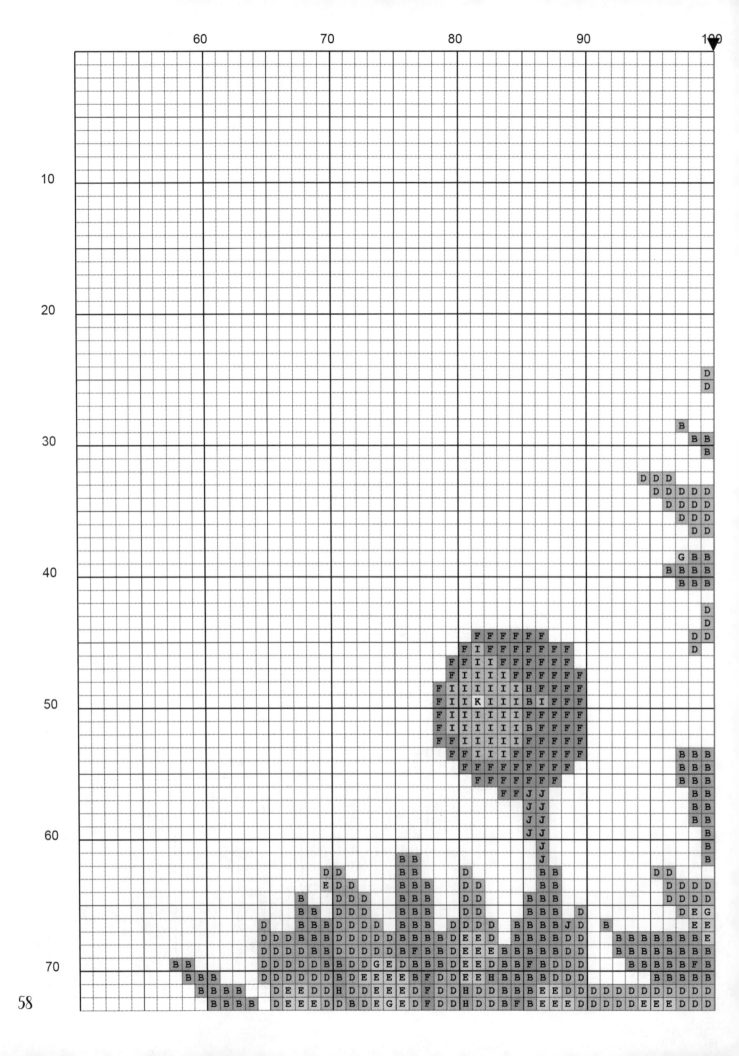

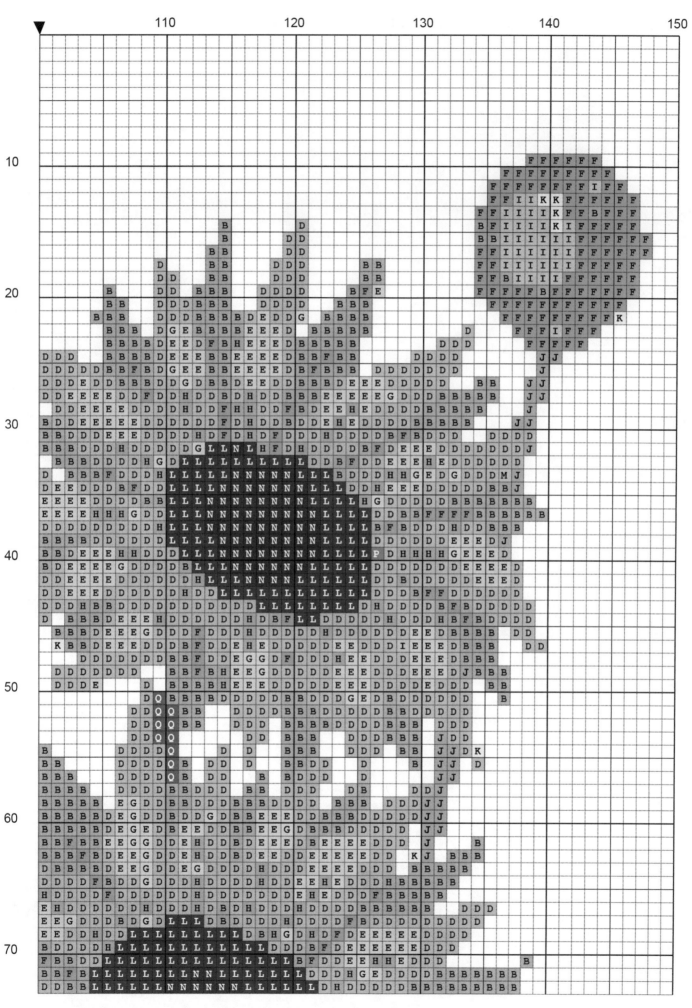

59

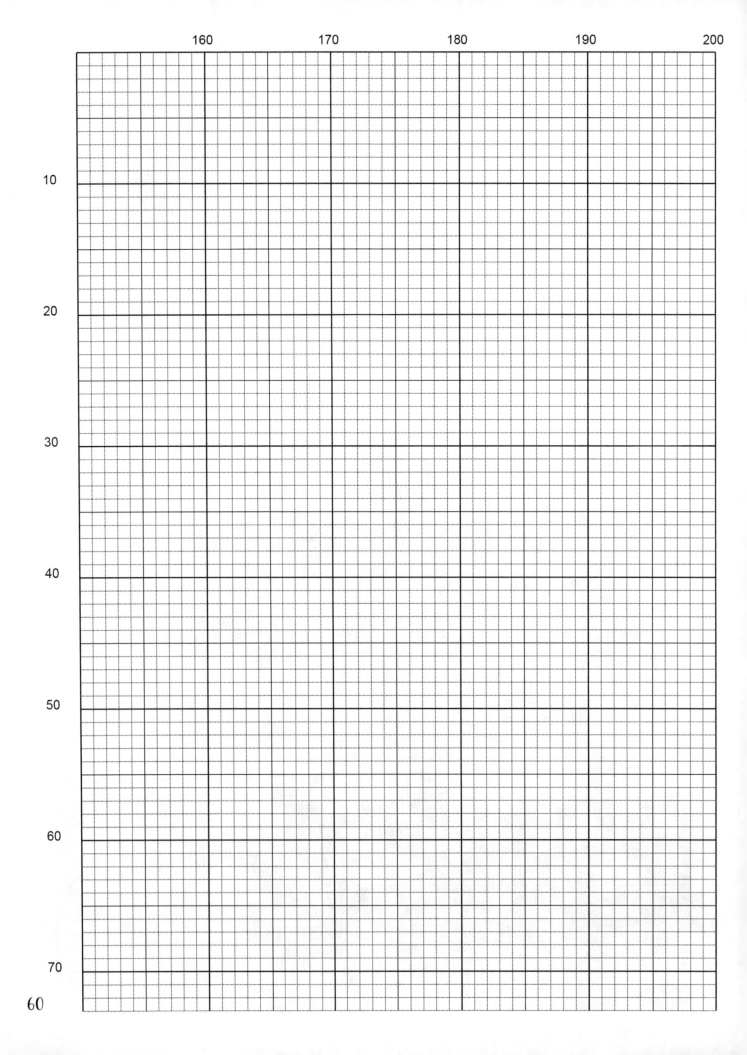

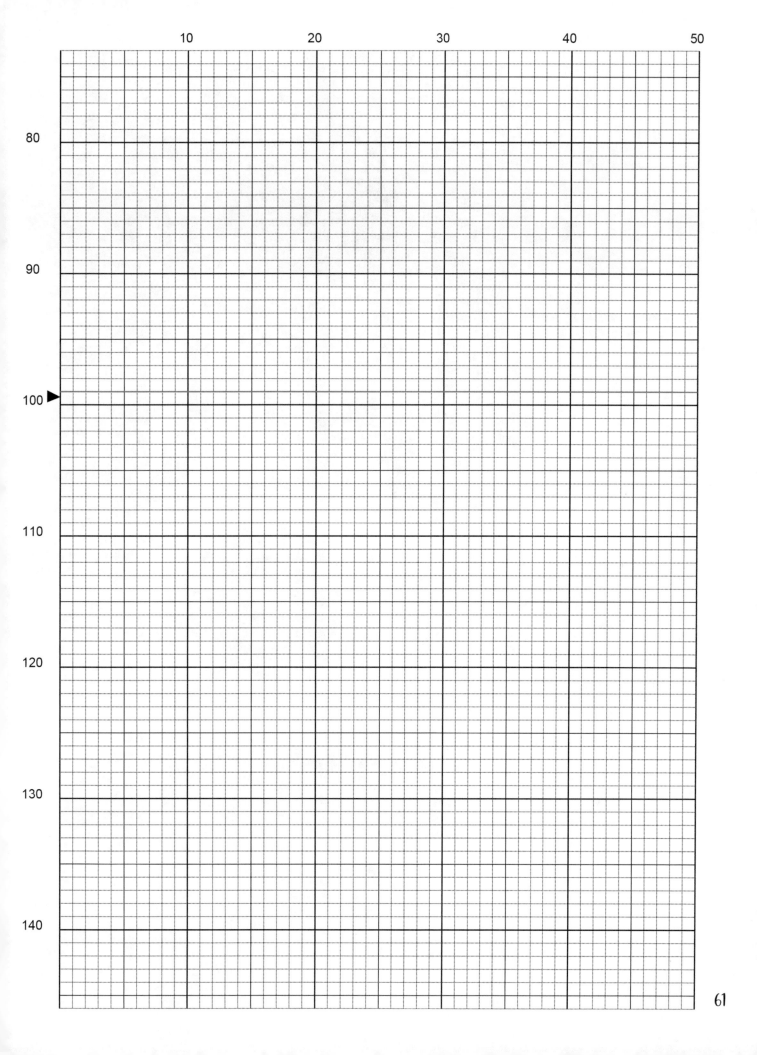

61

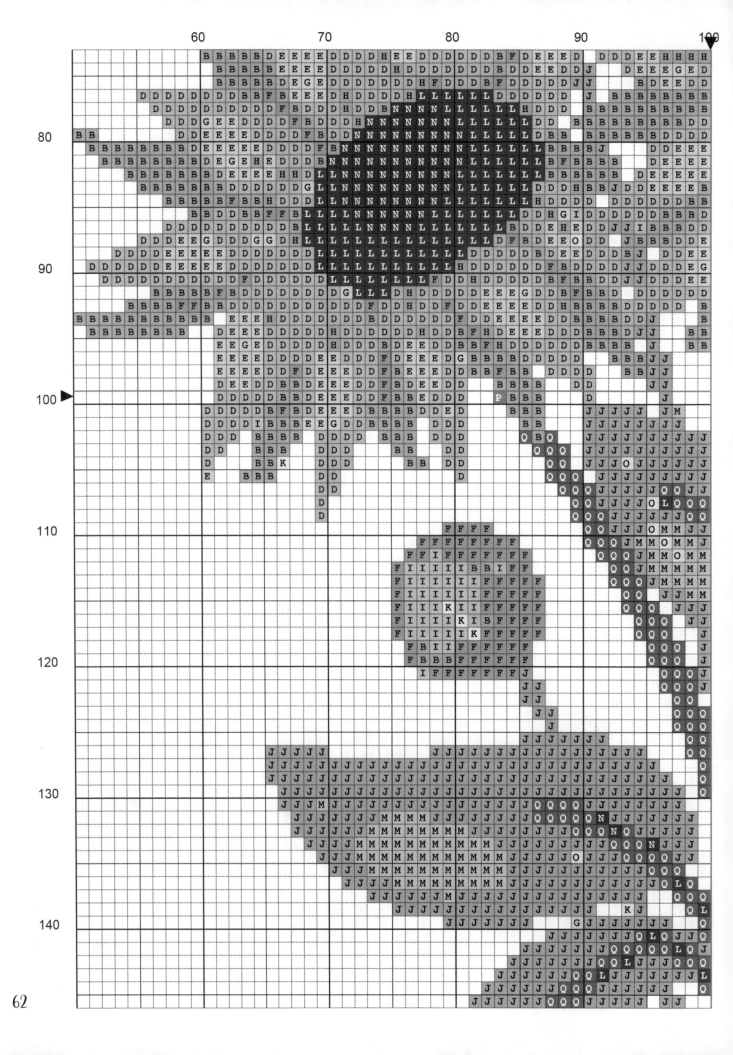

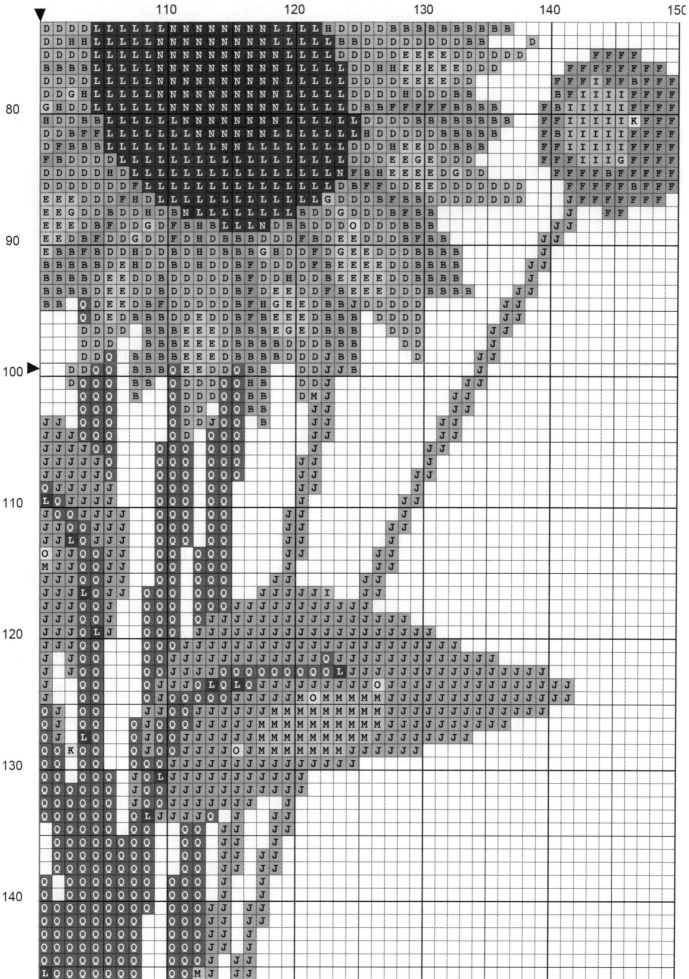

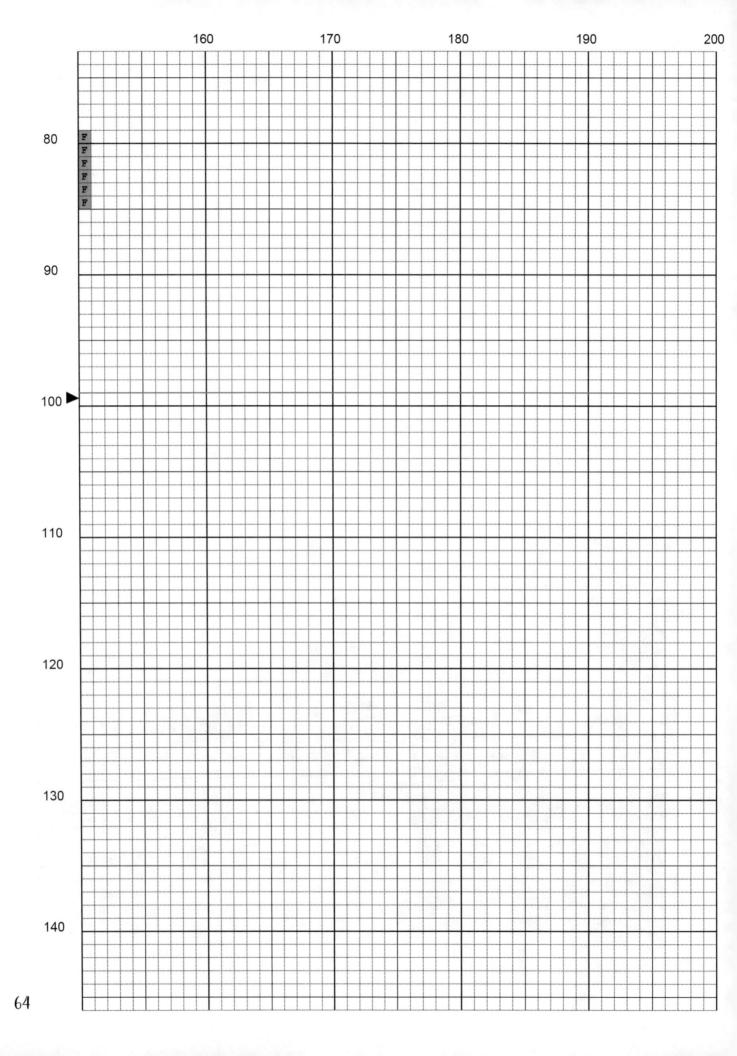

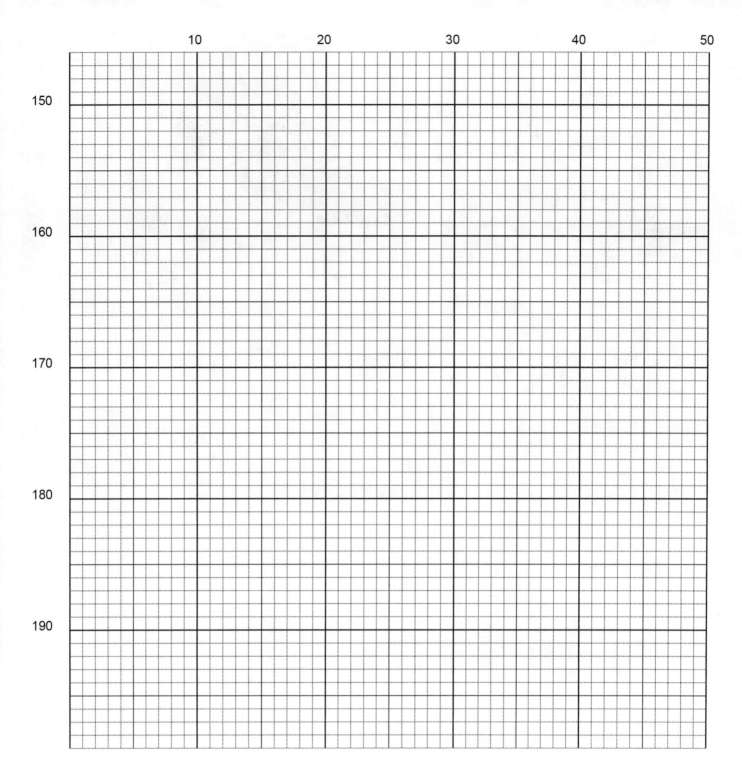

65

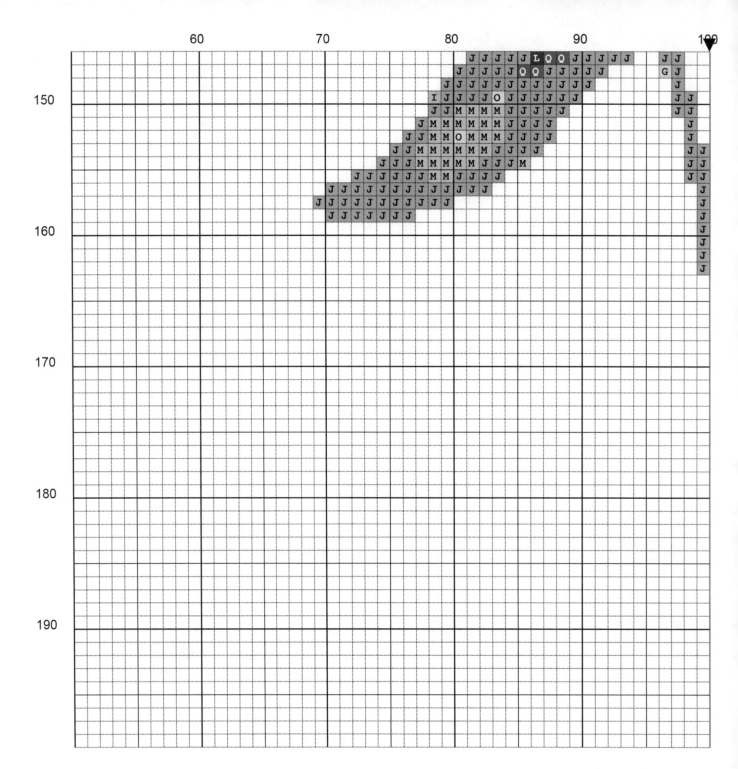

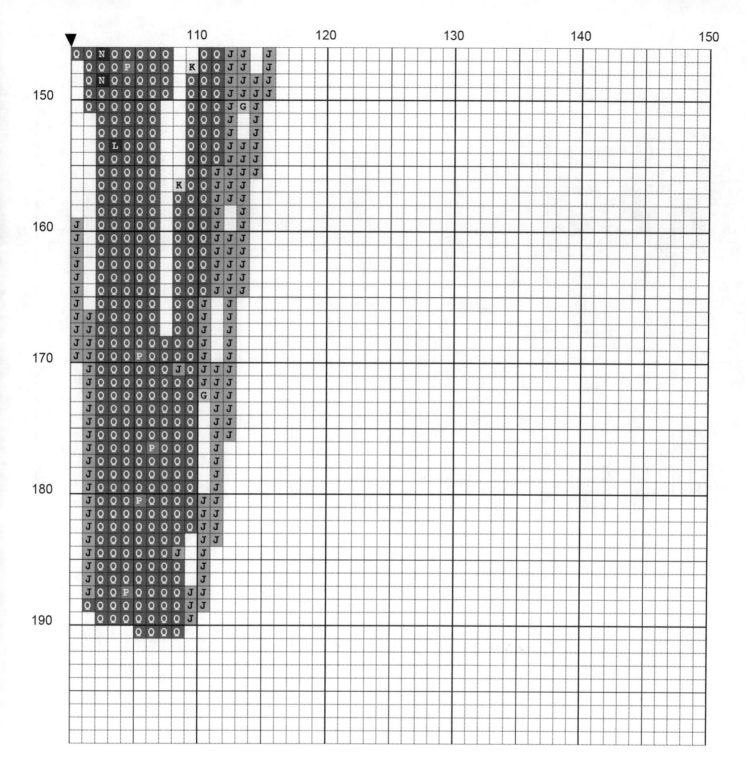

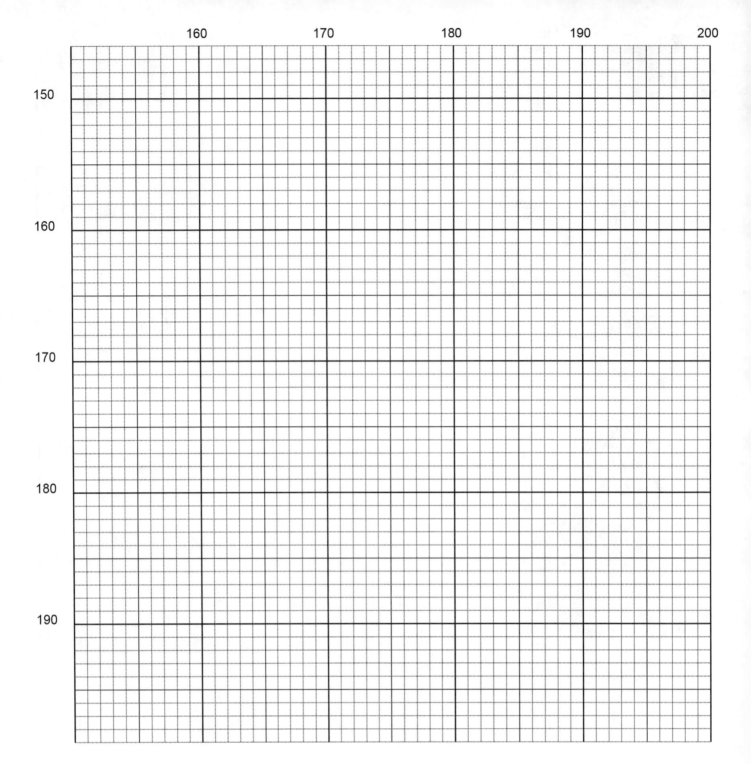

	Number	Name	Length	Stitches	
B	DMC 3820	Straw dark	19.35 yd.	984	
D	DMC 728	Golden Yellow	32.27 yd.	1641	
E	DMC 3822	Straw light	9.28 yd.	472	
F	DMC 783	Topaz medium	9.32 yd.	474	
G	DMC 951	Tawny light	1.38 yd.	70	
H	DMC 742	Tangerine light	2.62 yd.	133	
I	DMC 3821	Straw	2.85 yd.	145	
J	DMC 166	Moss Green medium	25.51 yd.	1297	
K	DMC 3770	Tawny very light	0.35 yd.	18	
L	DMC 300	Mahogany very dark	10.01 yd.	509	
M	DMC 3819	Moss Green light	3.01 yd.	153	
N	DMC 898	Coffee Brown very da	4.72 yd.	240	
O	DMC 727	Topaz very light	0.28 yd.	14	
P	DMC 832	Golden Olive	0.14 yd.	7	
Q	DMC 732	Olive Green (731)	16.68 yd.	848	

14 ct 101 x 182 Stitches (7.2 x 13.0 in.)
18 ct 101 x 182 Stitches (5.6 x 10.1 in.)
32 ct 101 x 182 Stitches (3.2 x 5.7 in.)

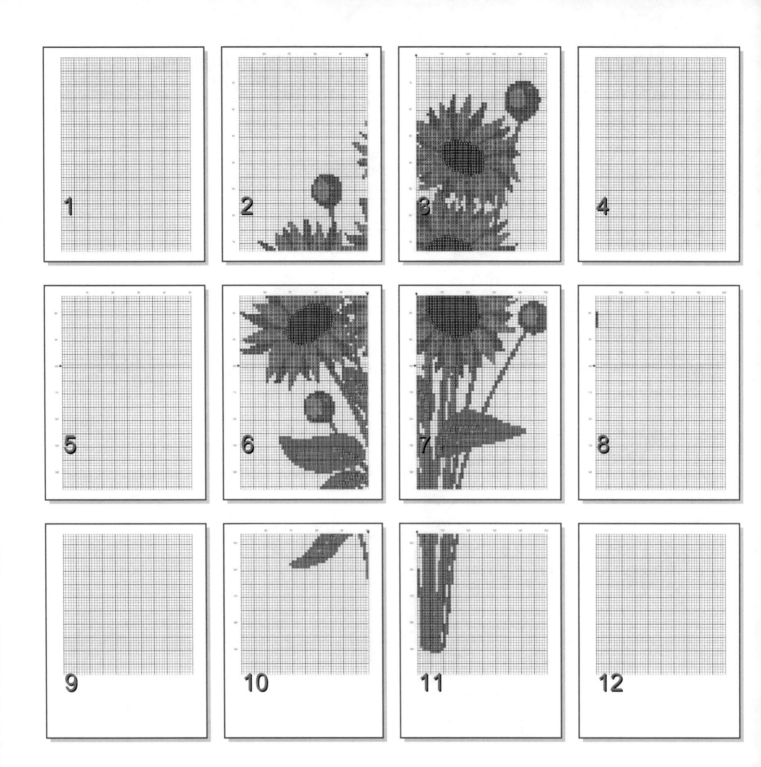

RUSTIC

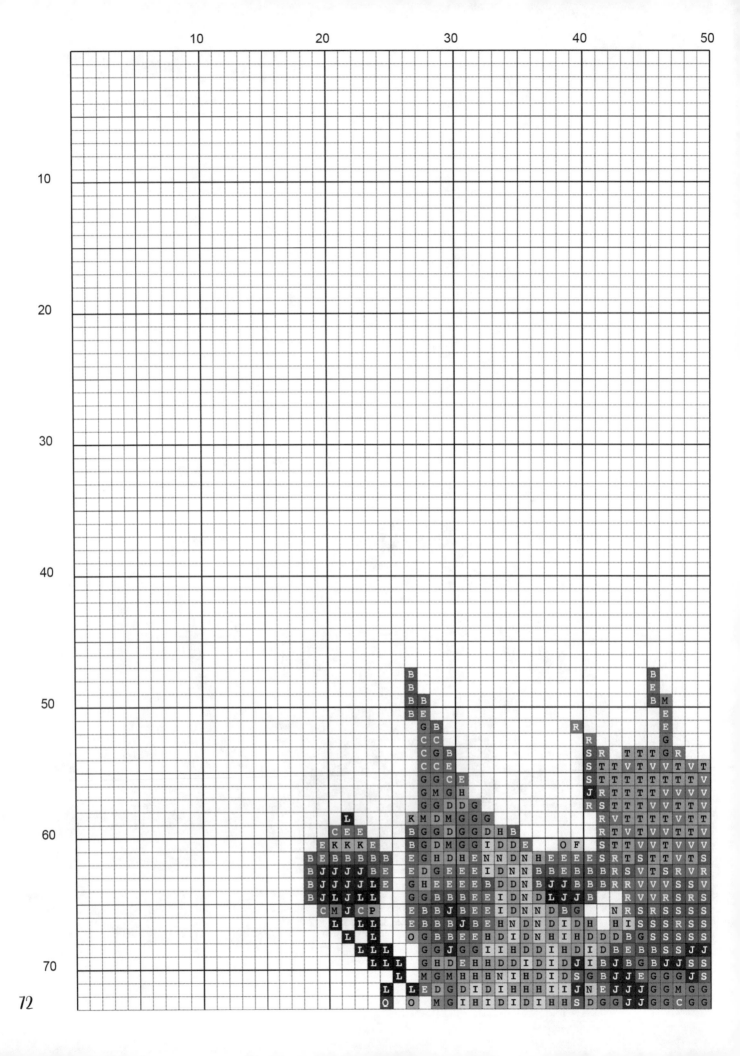

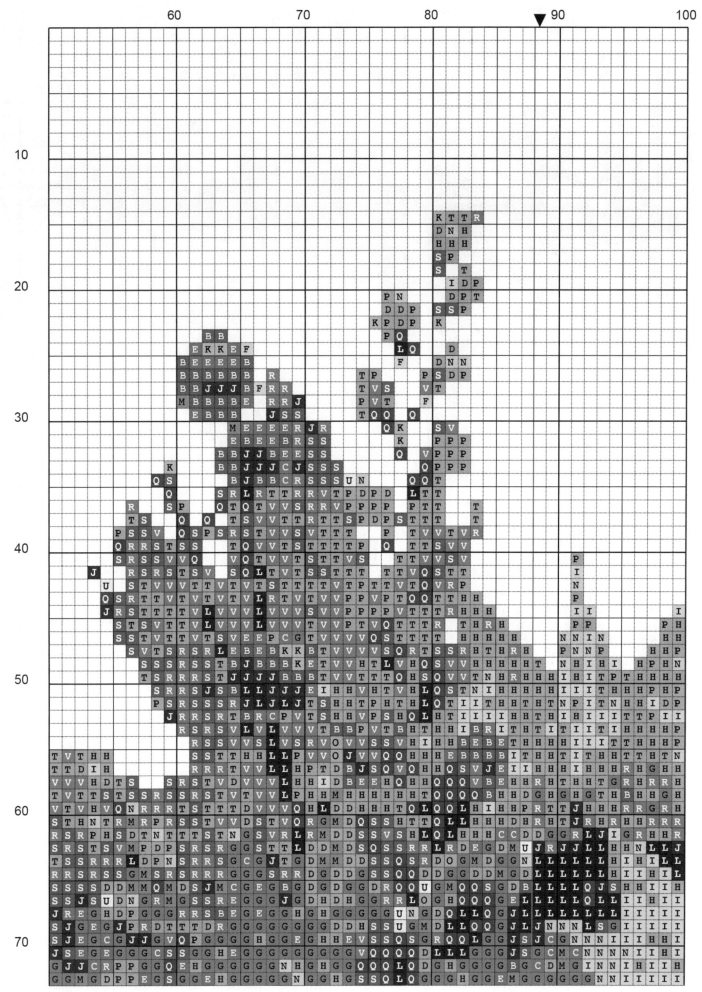

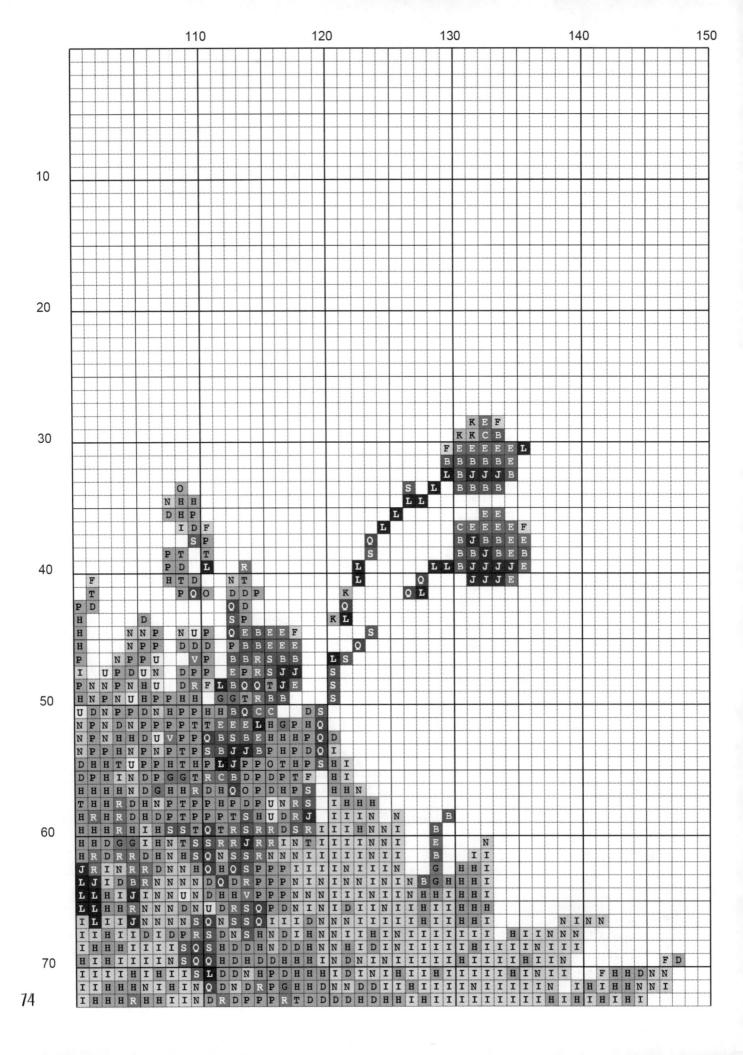

74

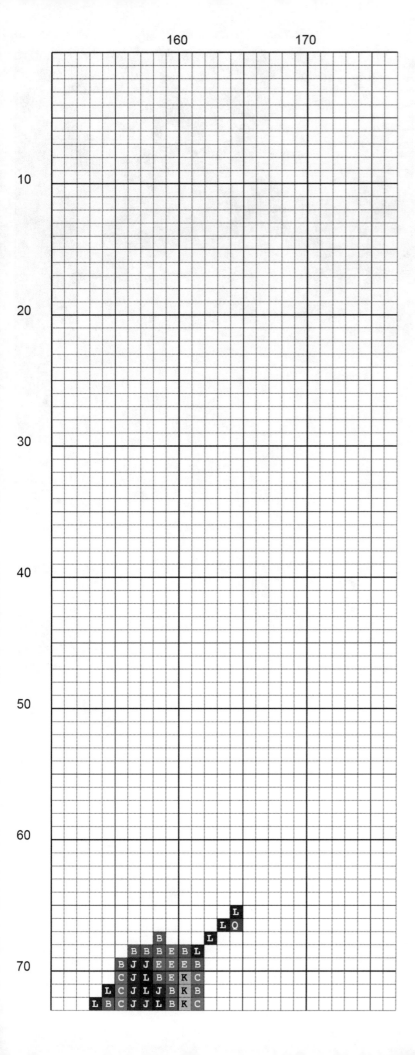

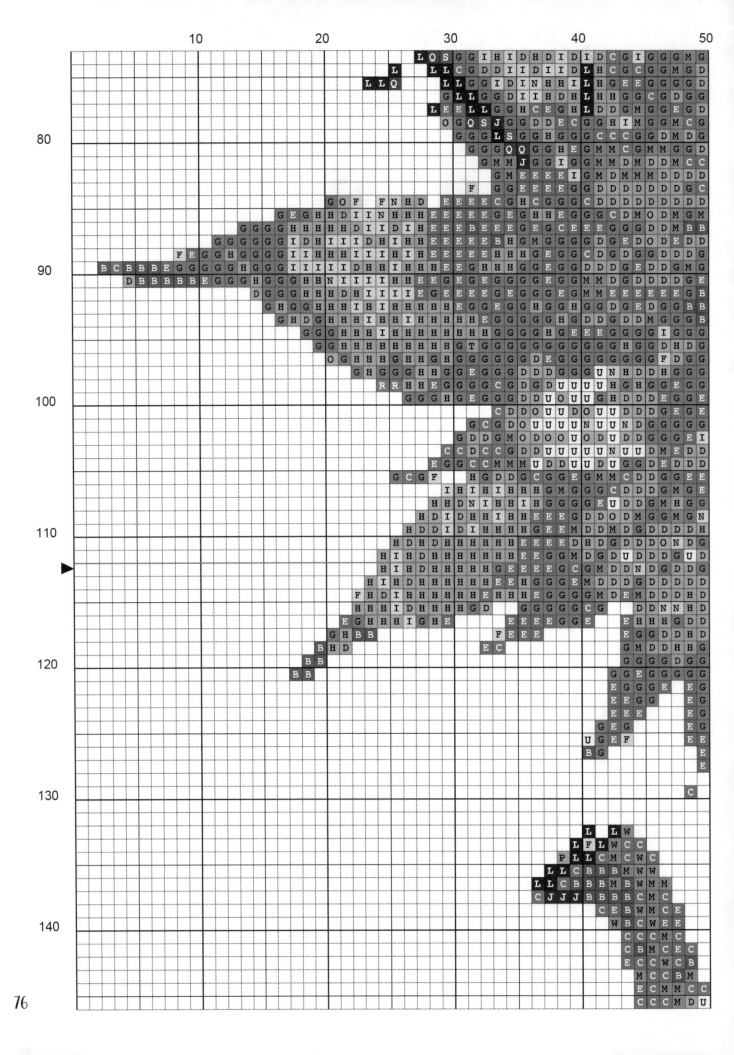

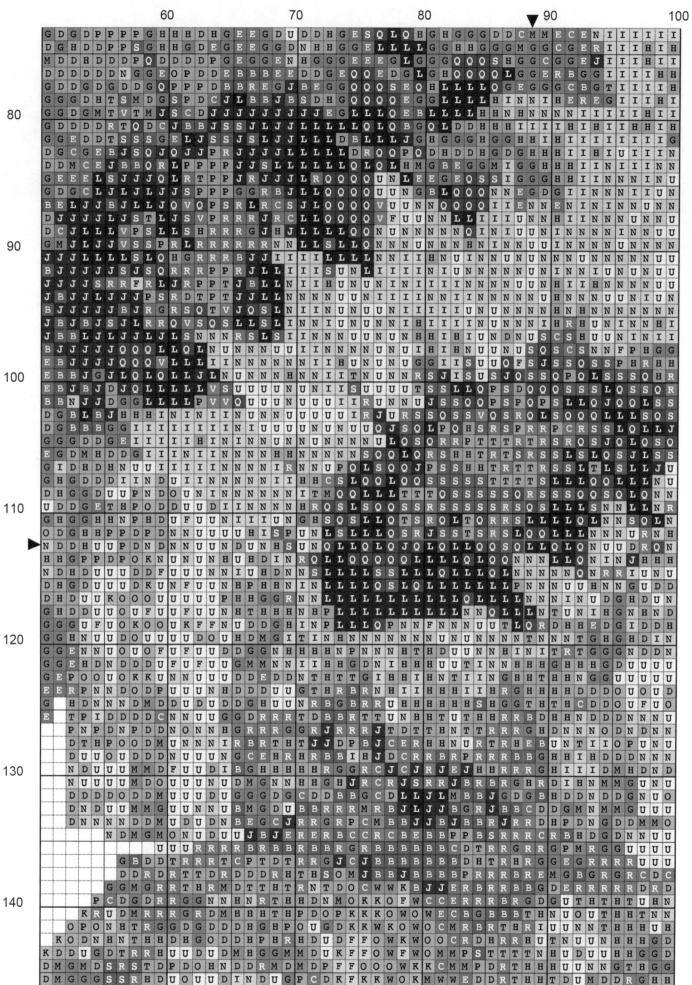

77

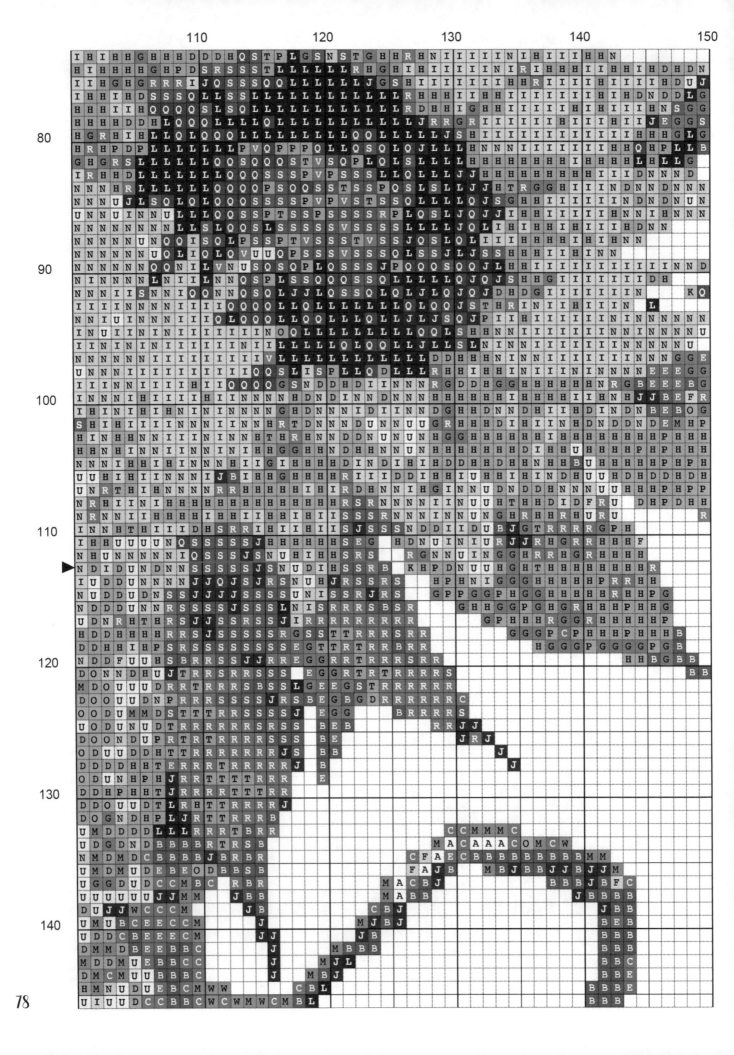

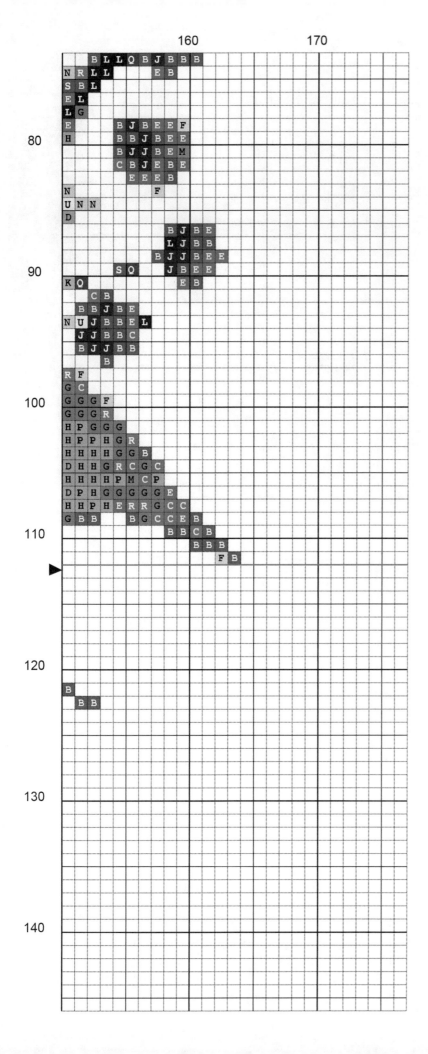

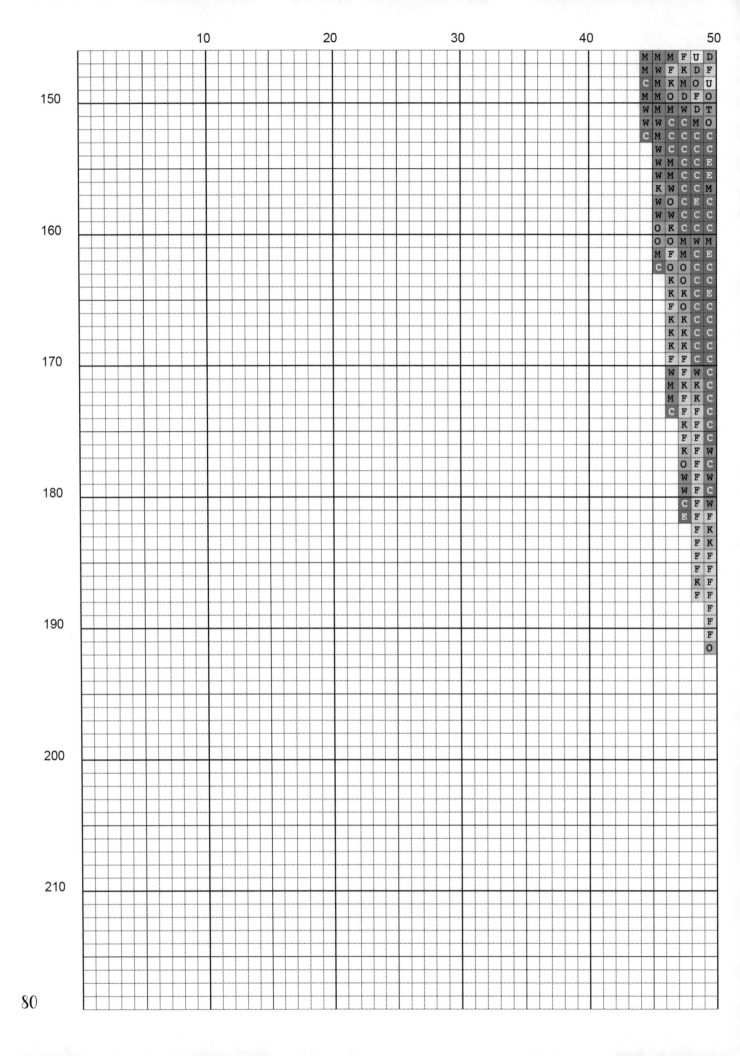

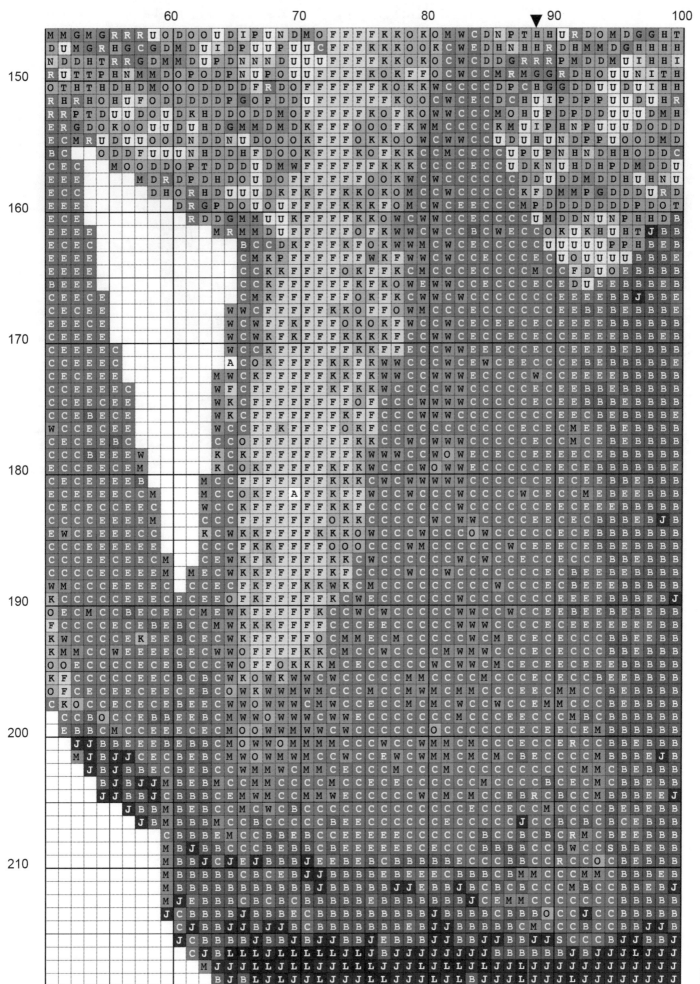

81

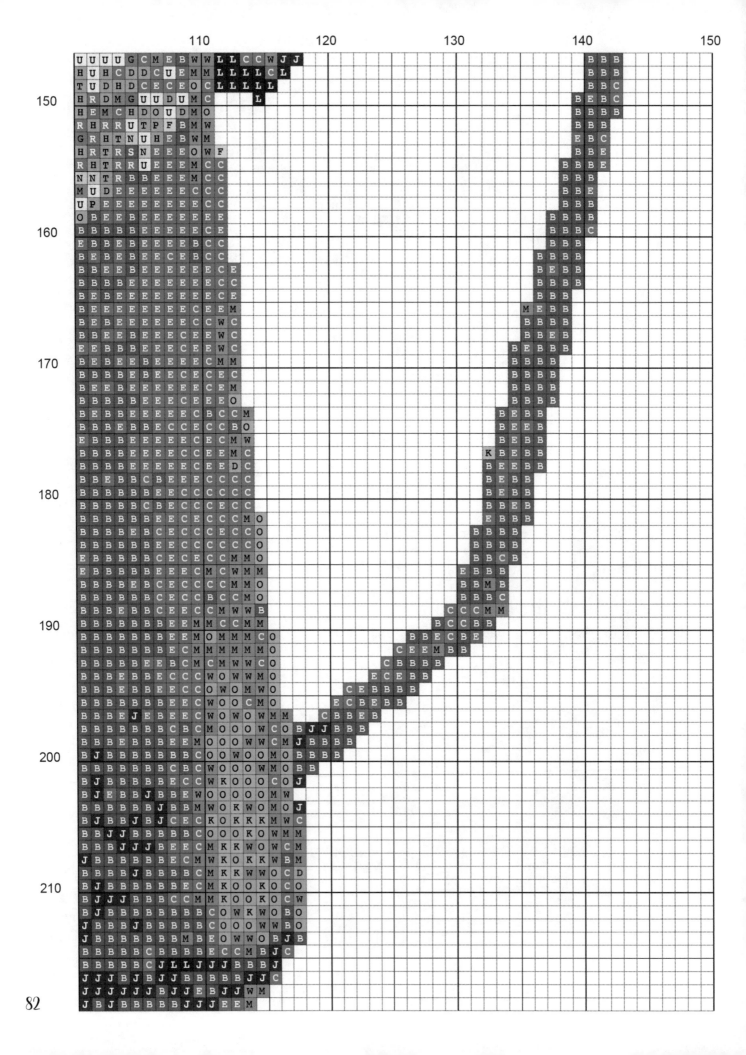

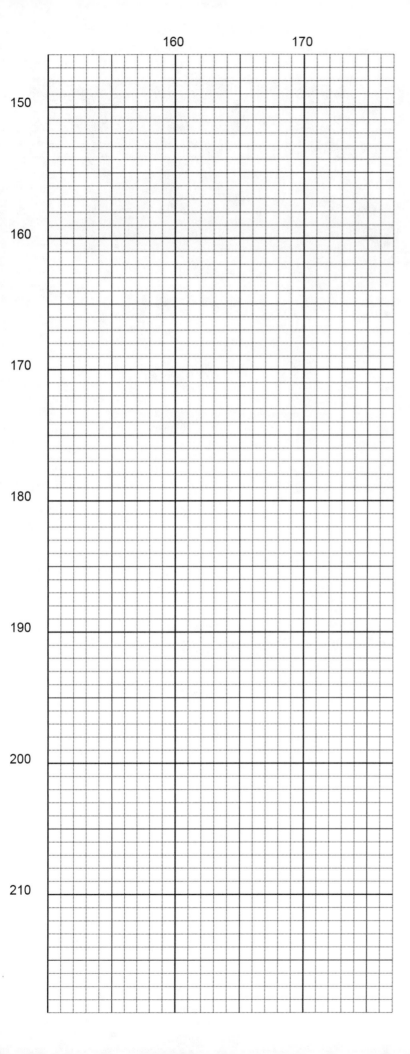

	60	70	80	▼ 90	100

220

Chart pattern (rows of coded cells):

Row 1: C J B B B B B J L L J L J J J L J J J J J J J L J J J J B J J B B J

Row 2: B J B J B J B B B J L J L J L L J J L J J J J J J J J J J J J J J J

Row 3: C J B J B B J J B B B B C B J B B L J J J J J J J J J J E B B C

Row 4: J J B J C J B B B B C E C E B C J J J B B B B B E B C C

| | | 110 | | 120 | | 130 | | 140 | | 150 |

B	J	J	B	J	B	B	J	M	E	M	C	C
J	J	J	C	C	C	C	C	C	C	B		
E	C	C	C	M	E	C	B					
C	C	M	C	B								

	Number	Name	Length	Stitches	
A	DMC BLANC	White	0.20 yd.	10	
B	DMC 817	Coral Red very dark	30.15 yd.	1533	
C	DMC 351	Coral	26.61 yd.	1353	
D	DMC 3827	Golden Brown pale	19.75 yd.	1004	
E	DMC 606	Burnt Orange-Red	22.32 yd.	1135	
F	DMC 818	Baby Pink	7.59 yd.	386	
G	DMC 721	Orange Spice mediu	19.90 yd.	1012	
H	DMC 742	Tangerine light	27.55 yd.	1401	
I	DMC 726	Topaz light	19.94 yd.	1014	
J	DMC 814	Garnet dark	13.69 yd.	696	
K	DMC 151	Dusty Rose very light	4.90 yd.	249	
L	DMC 3371	Black Brown	14.81 yd.	753	
M	DMC 352	Coral light	9.34 yd.	475	
N	DMC 3822	Straw light	19.69 yd.	1001	
O	DMC 353	Peach	6.23 yd.	317	
P	DMC 734	Olive Green light	7.30 yd.	371	
Q	DMC 3345	Hunter Green dark	8.65 yd.	440	
R	DMC 782	Topaz dark (781)	13.26 yd.	674	
S	DMC 732	Olive Green (731)	12.74 yd.	648	
T	DMC 166	Moss Green medium	8.97 yd.	456	
U	DMC 3078	Golden Yellow very lt	11.76 yd.	598	
V	DMC 581	Moss Green	4.05 yd.	206	
W	DMC 760	Salmon	5.86 yd.	298	

14 ct 163 x 209 Stitches (11.6 x 14.9 in.)
18 ct 163 x 209 Stitches (9.1 x 11.6 in.)
32 ct 163 x 209 Stitches (5.1 x 6.5 in.)

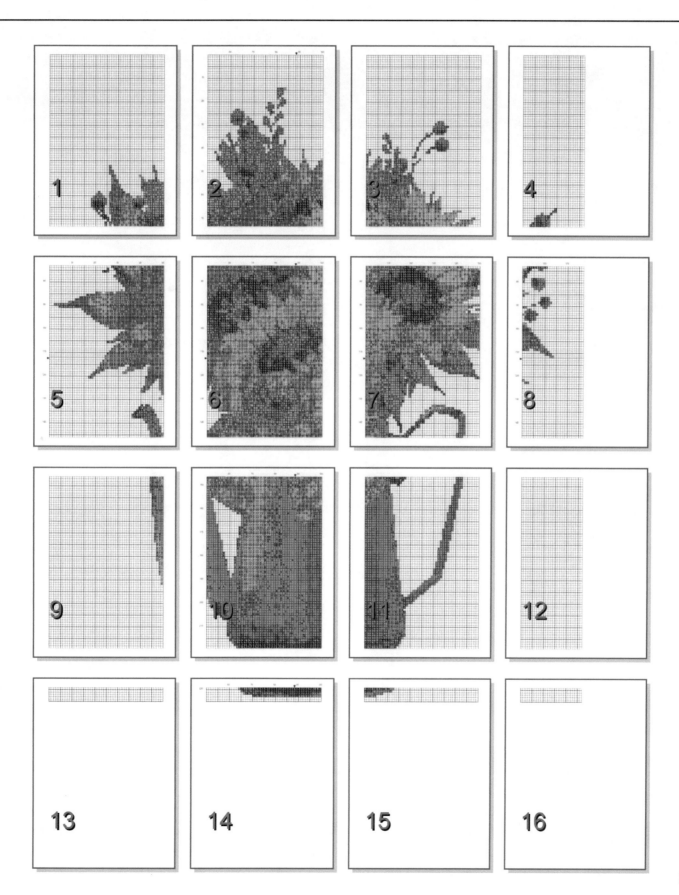

Made in United States
Troutdale, OR
12/04/2023

15292661R00051